修行なしであなたも現代の魔術師になれる！

ケイオス・マジック完全実践ガイド

黒野忍

文芸社

はじめに

前著『1日30分であなたも現代の魔術師になれる！　混沌魔術入門』（文芸社）は多くの方が読んでくださって、そこから広がる人の縁もあり、今でも同書を読んで感想をくださる人がいる。とてもうれしい限りである。

それと同時に、同書が多くの混沌魔術師の志願者にとってのバイブルになっていることも、大変名誉なことである。

ある方に「30分の訓練じゃなくて5分でも効果がありますよね？」と聞かれた。「本では1分でもできる魔術も紹介していますよ」と答えたら、『1日30分であなたも現代の魔術師になれる！』の表紙をまじまじと見つめ、笑いながら「1分でできる！　って書いてあったらもっと売れたのに」と言われてしまった。

まず、混沌魔術とは何か？

混沌魔術とは自分が納得のいく理論や方法論を採用し、自分だけの魔術体系を作るための21世紀で最先端のアイデアである。しかしそれは同時に、この世界は常に移り変わる混沌とした世界だと再認識させる魔術であり、人間の自由とはとても恐ろしいものだと再認識できる、個人の自由な思想に従い、何度でも大作業を行える、常にアップデートしていく魔術である。

20世紀初頭、オースティン・オスマン・スペア（19世紀の魔術師）が考えた印形《いんけい》魔術イコール混沌魔術ではないが、多くの混沌魔術師は印形（シジル）を使用している。そして何よりも、どの混沌魔術師も、最初から儀式等はせず印形魔術を行っていた。オースティン・オスマン・スペアですら、彼の小難しい哲学の実践のために初めから印形魔術をしていたわけではない。

エンチャントメント。それは、あなたの意図だけを使用して、現実に直接的に変化を与えようとする試みである。多くの現代魔術師のスタートは、この技術によって成り立っていた。今も昔も未来も、それは変わらない。

19世紀に発展した「黄金の夜明け団」の魔術体系は、できてから200年経過した今でも志願者に高尚な志願動機を求めてくる。例えば意識の霊的な進化をしたいとか、自分にとっての本当の生きる意味を知りたい、などである。

混沌魔術の創始者ピーター・キャロル曰く、「東方騎士団はアレイスター・クロウリーが決めたエジプトの悪魔を崇拝し、２００年変わらずクロウリーを崇拝している」とのことである。

セレマ宗といえば、20世紀最大の魔術師ともいわれるアレイスター・クロウリーが著した『法の書』を聖典とする哲学のことだが、その信者になりたい人は少ないと思う。それなのに、日本ではなぜか、２００年間変わらず高尚な目的を押し付ける魔術体系に依存し続けている人が多い。

また、トートタロットといえば、アレイスター・クロウリーがデザインし、女性画家フリーダ・ハリスが描いたタロットだが、セレマ宗を理解せずにトートタロットを使っている占い師が多い。現にクロウリーは、トートの書（トートタロットの解説本）を書いているし、日本語でも発行されている。しかし占い師はトートの書を難しいと言って読むのをやめる人々が多いようだ。

混沌魔術は、常に進化し続けている、また混沌魔術は一人一派という考え方を採っていない。自分の人生を豊かにするために、あるいはより豊かで充足感がある人生を送るために、人は混沌魔術を学ぶ。

特に混沌魔術で重要なのは「自分の欲望」であって、高尚な目的を持ったり、宗教へ入信することではない。「混沌魔術は黒魔術だ」という意見を耳にしたことがあるが、それは間違っている。

黒魔術・白魔術などと叫ばれたのは、1950年代の、アメリカで黒人差別が残っていた頃にさかのぼる。黒人が黒人専用の教会、黒人専用のトイレを使わされるなどの差別をされたときに、白人たちは、黒人専用教会は黒魔術を教えている、などという噂を立て、激しく差別した。

2024年になっても白魔術と黒魔術を分けて黒魔術を批判しているのは日本人ぐらいではないか。黒魔術と呼ぶことで攻撃したり、自分を有利にしたいだけなのだろう。なお私は一度も自分が黒魔術師だと名乗ったことはない。

本書のテーマは「あなたの願望をかなえるための混沌魔術」である。もう一つのテーマは、「最も個人的な悩みこそ、普遍的な悩みである」。

お金がない。生活が大変。ローンが大変。伴侶と喧嘩した。子供が言うことを聞かない。既婚者の恋人は「いつか私を選ぶ」と言いながらいつになっても離婚してくれない。成績が上がらない。運動が必要なのはわかっているけど運動せずにメタボになった。老後が心配。子育てがうまくいかないなど――。個人的な悩みは世界共通であり、あなただけの問題ではない。

本書では、個人の幸せを追求したり、夢を現実化できる方法を事細かに紹介する。本書が精神の航海者たちの先導役となりますように。

2024年吉日

黒野忍

修行なしであなたも現代の魔術師になれる！　ケイオス・マジック完全実践ガイド◎目次

はじめに　3

第1章　まず魔術意識を体験しよう

すぐできるトランスになる方法　15

簡単に魔術意識になる方法　20

特別記事　ケイオス・マジックとしての応用プラグマティズム（FraUD）　24

第2章　呪術をやってみよう

エンチャントメントとは何か　31

呪物を作ってみよう　33

人型を利用した呪術のエンチャントメント　37

視覚化（イメージ）を利用しよう　38

混沌の8つのパワーを利用しよう　40
特別インタビュー①「シジル・マジックは多くの望ましい結果をもたらす」（FraUD）　52

第3章 儀式魔術を使ってみよう

杖を聖別する　67
現代版の蟲術を使う　68
死の姿勢によりネガティブな願望をかなえよう　71
富の啓蒙の儀式でお金持ちになろう　75
オウラノスの儀式で真の魔術師になろう　80
特別インタビュー②「エンチャントメントは長い目で効果を待とう」（ピーター・キャロル）　88

第4章 アストラルを使ってみよう

アストラルのエンチャントメントと引き寄せの法則　99

ペットロスの乗り越え方　101
「タルパ」「イマジナリーフレンド」はお勧めしない　105
エンチャントメントでダイエットする　106
一生困らないための混沌魔術　111
呪文を使って亡くなった人と再会する　114
死者と会うための呪物の作り方　116
コンビネーションマジック　120
過去を変え、現在を変える「さかのぼるエンチャントメント」　123
呪文を作ろう　127
「悪人から防御される」シジルの作り方　133
なぜシジルは有効か　136
欲望のアルファベットを使おう　137
聖守護天使を召喚する　138
イザナミのミサをやってみよう　141
追儺《ついな》儀式でセルフヒーリングやチャクラ開発をしよう　147
特別寄稿　愛の啓蒙をやってみよう（ピーター・キャロル）　154

第5章 虚無の魔術をやってみよう

意図するだけで混沌のエネルギーを利用する 161

特別寄稿 My Frater——魔術師だった村崎百郎の話 163

あとがき 178

イラスト（p.79、p.151）青木宣人

第1章

まず魔術意識を体験しよう

混沌魔術は、古今東西で様々な名前で呼ばれる意識状態を使う。サマディー・ニルヴァーナ・ノーシス・ゾーンはみな同じ意識状態を表している。

私は「意図して魔術に使う意識」という意味で魔術意識と名づけた。魔術意識にはどのような種類があるかについては前著『1日30分であなたも現代の魔術師になれる！』を参照していただきたい。

ここでは混沌魔術を初めて行う方向けに魔術意識とトランス意識を利用する方法を紹介する。まず、魔術意識と普通の意識の間に位置するのがトランス意識である。

トランス意識にも、浅いトランスと深いトランスがある。浅いトランスは日常でよく発生するような、誰もが経験したことのある意識である。深いトランスの場合、魔術意識寄りの意識になるので、その意識のときに何をしたかを思い出すのは難しいかもしれない。

すぐできるトランスになる方法

私たちは実は日常生活の中でトランスになっていることが多い。しかしそのときトランスだと自覚している人は少ない。このトランスはシャーマンが扱う意識状態である。

1　うつらうつらした半眠状態

皆さんもうつらうつらした意識状態を経験したことがあるだろう。例えば、**電車の中で睡魔と戦っているときの意識状態**がそうである。

あるいは目覚まし時計が鳴る直前に目覚め、**「目覚ましが鳴るまでもう少し寝ていられるな」と思う状態**のときもそうである。

心配事があったり、ストレスを感じているときによく眠れないことがあるだろう。睡眠の質が悪化しているときに、**眠っているか眠っていないかわからない状態**を経験することがあるだろう。

これらの半眠状態はみな軽いトランスである。こうした意識状態をわざと作ることは誰にでもできるだろう。睡眠不足のときにうつらうつらした意識状態を作れれば、それが軽いトランスである。そのときにエンチャントメントを行えばよい。エンチャントメントのやり方は次章で解説する。

2　ほろ酔い・酩酊状態

お酒を飲める年齢なら、ほろ酔い加減になった時点でお酒を飲むのをやめ、エンチャントメントを行ってもよい（念のために書くと、20歳未満の者の飲酒は法律で禁止されている。だから20歳未満の皆さんはこのトランスを使用してはいけない）。**ほろ酔いも弱いトランス**である。酔っぱらった**酩酊状態でエンチャントメントを行えるなら、深いトランス**になったといえる。

3　テンションを上げる

自分なりのやり方でテンションを上げればよい。例えばカラオケで歌ったり、クラブで踊ったりしてもよいし、美しい自然を見るとテンションが上がるという人もいるだろう。**テンションが上がった状態も軽いトランス**である。テンションが上がった瞬間に、エンチャントメントを行ってもよい。

4　ネガティブな気持ち

テンションが上がったときだけでなく、**悲しんだり怒ったときもトランス状態になれる。**あまりにも悲しかったり、激しく怒ったときに普段とは違う精神状態を経験したことはないだろうか。

その状態でエンチャントメントを行うことができる。悲しかったり、嫌な気分になったときに、その気持ちの原因を作った人物に対してエンチャントメントを行うと効果があったりする。

5　疲労困憊《こんぱい》

とても疲れているときに、**意識が飛ぶことがある。これもトランス状態**である。

あまりにも疲労困憊しているときに、幻覚を見る人もいる。それぐらい疲れ切っているときにエンチャントメントを行うと効果を発揮するだろう。

疲労と同様に、不眠・断食でもトランスになれる。ただ、体調を壊さないように気をつけながらやること。

疲労・不眠・断食はあらゆる宗教でも取り入れられているトランス意識になる方法である。牧師や僧、神官などは不眠と疲労や断食により、神秘的な体験をしている。弘法大師空海も虚空蔵菩薩求聞持《こくうぞうぼさつぐもんじ》法を行って、トランスから魔術意識になったのかもしれない。空海は1日1万回の真言（時間的に不可能だが、魔術意識になって行ったのかもしれない）を100日間唱え、最後には金星が口に飛び込んできたと述べている。これは疲労と聴覚集中による魔術意識の経験だったのだろう。

金星か口に飛び込んできたというのは文字通りに取るより、幻覚を誘発するキノコを食べたか、疲労と聴覚集中で魔術意識にいたり、金星が口に飛び込んだという体験をしたかのどちらかだろう。

6　キリングタイム

私たちは退屈になると、携帯を見たり、本を読んだりして、時間をつぶすことがある（キリングタイム）。退屈な会議や授業に参加しているときや、人の話をただ聞き流しているときにもそういう状態になるかもしれない。

キリングタイムも私たちをトランスに導いてくれる。退屈であればあるほど意識はもうろうとして、トランスになる。

簡単に魔術意識になる方法

次に魔術意識の導き方を紹介しよう。

トランス状態でも、魔術意識でも同じだが、コツはピークのときにエンチャントメントを行うことである。それは数秒間の魔術的行動であるが、本格的な修行を必要としないし、また魔術体系のドグマ（教義）に従わなくてよいという利点がある。

1　死の姿勢

まず、肺にある空気を全部吐ききってみよう。それから**目を閉じて、鼻と口を片手で押さえる**。これはこの姿勢の考案者である19世紀の魔術師オースティン・オスマン・スペアの『快楽の書』の挿絵あるいはスペアが紹介した姿勢である。

この挿絵を見ると、手で鼻と口をふさいでいるが、目は開いているし、耳もふさがれていない。しかし混沌魔術師の多くはこれとは違って、両手の指で口と鼻と耳を押さえ、苦

『快楽の書』（オースティン・オスマン・スペア著）の挿絵

しさに耐える。

「もうだめだ」と何回も脳内で叫ぶ声が聞こえる中、手を外し、その瞬間訪れる意識状態を利用する。これが魔術意識である。

練習した方が上手にできるが、練習しなくともできる人も多いだろう。ただし、高血圧、心臓疾患、てんかん、脳の疾患がある方はこれを行ってはならない。

この死の姿勢は、エンチャントメントだけでなく、あらゆる願望をかなえるのに使えるだろう。

2　オーガズム

あなたに伴侶やパートナーがいれば、性のオーガズムを活用してもよい。**オーガズムを迎えた瞬間に、潜在意識に願望を送り付ける**とよい。あなたのパートナーが魔術に理解ある人であれば、オーガズムのコントロールをお願いし、興奮のピーク時に、エンチャントメントを行うことをお勧めする。

一人で自慰行為をする場合もオーガズムを利用することができる。

ただ初期のピーター・キャロルの理論では、一人で得られるオーガズムを使用する場合、一切の空想をせず、性的刺激だけでオーガズムに達した瞬間に魔術を行うように勧められていた。ところが1990年代に入ると、キャロルの理論は変わり、アダルトビデオ（性的動画）を見ることで簡単にオーガズムに達し、魔術意識を使用できると述べるようになった。

そこで、パートナーがいなくても、アダルトグッズを使用したり、アダルトビデオを鑑賞しながらオーガズムに達した瞬間にエンチャントメントを行ってもよい。

3　冷水を浴びる

シャワーを浴びたり、入浴をするときに、いきなり**冷水を頭から浴びることで、魔術意識になれる。**この方法はピーター・キャロルも勧めていた。

ただし、飲酒後に入浴したり、血圧が高かったり、心臓等に疾患がある人の場合は医師に相談してから行った方がよい。

4　スプリントなどの無酸素運動

公園などランニングできる場所で、**全力疾走をすることで魔術意識に到達する**ことができる。無酸素運動状態になることで魔術意識に到達することができる。

ジムのマシンでもできるが、歩く、走る、引っ張るなど、とにかく無酸素運動を維持し続けること。「限界だ！」と思った瞬間にエンチャントメントを行うとよい。

5　ウォーキング

有酸素運動で魔術意識になる方法もある。ウォーキングをしながら、思考や雑念などを封じ込めてしまえばよい。

このとき、左右と上下を同時に見るようにしよう。続けるうちに**自分の存在がなくなって、とてもクリアな意識状態になる**。それこそが魔術意識だ。

特別記事　ケイオス・マジックとしての応用プラグマティズム（FraUD）

※日本語翻訳版権　黒野忍

「はじめに」で混沌魔術とは何かを説明したが、ここで、混沌魔術の定義に関して多くの著作を書いたFraUD（フラターU∴D∴／ラルフレクト・マイヤー、IOTの初期メンバーで氷の戦争の支持者）の寄稿文を掲載する。

FraUDは、別名ラルフレクト・マイヤーで、現在オーストリア在住。混沌の魔術結社「イルミネーション・オブ・サナテエロス」（IOT）ドイツを率いた人物で、IOTドイツは選民思想魔術である「氷の魔術」を生み出したことで有名である。

この記事が「混沌魔術とは何か？」という問いへのさらに深い回答となるはずである。

※※※

ケイオス・マジック（混沌魔術）の有名なスローガンに「何も真実ではない／すべて許されている」がある。これは、ロバート・アントン・ウィルソンの著書『イルミナタス！』で広く知られるようになった。

このスローガンは、1940年代後半以来、西洋文化に根付いている一般的な感情を表している。アメリカのビート詩人、フランスの実存主義、人類学的構造主義、シャーマニズムの再発見、東洋の哲学や精神性、日本への核兵器の行使による戦後や冷戦後の懐疑主義、ヒッピー運動、性的革命、植民地解放運動、左翼の反資本主義的な批判の高まり、ロックンロール、ビート、音楽、西洋魔術の再評価など、多岐にわたる影響を受けているのだ。

ケイオス・マジックは、このような多様な影響を受けつつ、現代の科学的な合理性とオカルトの「非合理的」な教義を組み合わせることで、全体的にアナーキーな精神を捉えている。

しかし、その熱狂的な偶像破壊主義と反権威的な教義にもかかわらず、ケイオス・マジックは西洋魔術の中で長い間遅れていたと多くの観察者が言うところの高次のトレンドの一部でもある。

1980年代にイギリスでケイオス・マジックが勃興する前、私はこのアプローチを「プラグマティック・マジック」、つまり実践主義の魔術と呼んでいた。そしてそれを伝統主義的な「教理主義の魔術」と比較した。

「教理主義の魔術」では、魔術を「正しい」方法と「間違った」方法に厳密に区別し、間違った方法には効果がなかったり、危険だったり、道徳的に非難されるなどと見なした。また、「教理主義の魔術」の作者は、神の力や啓示によって始められた「真の伝統」があると仮定し、エジプトの神トートや伝説の賢者ヘルメス・トリスメギストスなど、様々な神話的存在を信じている。しかし、批判的に分析すると、これらの多くは神話的であり、完全に作り話であることがわかる。

「正しいか間違っているか」の極端な二元論（例えば光と闇）と、そのテクニックに焦点を当てたため、教理主義の魔術師たちは、魔術が望んだ結果でない場合、かなり焦って簡単な説明をする傾向がある。もしかしたらカバラ十字や悪魔の名前のヘブライ語の発音が間違っているかも……月の位置の計算が違ったかも……キャンドルのオレンジ色が薄かったかも……ローブのシルクが純粋で浄化されてないかも……それらのいずれも該当しない場合、失敗はただのカルマだったかも……などだ。

一方、「実践主義の魔術」では、異なる魔術システムや方法論が多数存在し、どれも他を超える真実を持たないと認識している。プラグマティック・マジックでは、「うまくいくものはすべて正しい」という実践的なアプローチを取る。例えば、恋愛のお守りを作る際、特定の金属や色に固執せず、効果があると考えられる方法を自由に選ぶのだ。

ケイオス・マジックの支持者たちは、社会的・歴史的・宗教的な制約を放棄し、成功した魔術のメカニズムを探求する。それを誰にでもアクセス可能にすることを目指す。

このようなアプローチは、オースティン・オスマン・スペアが考案した魔術システムである「ゾス・キア・カルタス」やフリースタイル・シャーマニズム、現代のラブクラフト派の実践など、多くの例がある。これらのアプローチの境界は流動的であり、基本的に混沌としたこの宇宙にふさわしいものである。

第2章

呪術をやってみよう

エンチャントメントとは何か

エンチャントメント（Enchantment）をネットで翻訳すると、「魅了する」と出ている。もちろんそういう意味もあるが、魔術の世界ではエンチャントメントといえば、「自分の意図や目的、願望を現実に引き起こす方法」のことである。

エンチャントメントが理論化・体系化される前、つまり中世以前にもエンチャントメントは存在した。古代文明までさかのぼり、古代文明は占いとエンチャントメントで政治や行動が決められていたと言ってよい。

占いで水の湧き出る場所や獲物のいる場所を探していた時代から発展し、エンチャントメントは政治の場でも使われるようになった。司祭たちは権力者の言葉を神の声とし、民衆を支配するために、その神の声を利用した。人々はそれを信じた。

権力者がいつ何をすべきかも、占いによって決められていた文明もあった。例えば、中国、インド等である。そうした文明では、権力者と司祭らの運命が盛んに占われた。

古代文明では司祭や王のために多くのエンチャントメントが行われた。しかし、実際に成果があったのかについては知られていない。

支配者を神と同一視することが普通だった古代の人類は、神の声が聞こえる者を司祭とし、その司祭が民を支配するために、様々な工夫をしていた。庶民は目には見えない領域を恐れ、エンチャントメントにすがった。

古代メソポタミア地方の民・アッカド人はパズズという悪魔の王をとても恐れていた。映画『エクソシスト』で少女に憑依《ひょうい》した悪魔こそはパズズである。

パズズの像は実際に多く出土している。古代の人々は、悪魔の王を飾っていれば、他の悪魔は危害を加えないだろうと考えたのだろう。そう考えて、パズズの像を作ったり飾ったりしたのだろう。

日本でも、占いが流行ったり、陰陽師（明治時代に壊滅）や僧や神主が政治を支配していた時代があった。

世界のあらゆる宗教が、犠牲を最大限に利用して効果を生み出している。キリスト教のように、神の子が犠牲になり、人類の罪を背負った宗教もある。

日本でも、未だに空海が生きており、「南無大師遍照金剛《なむだいしへんじょうこんごう》」と唱えれば、空海が助けてくれると信じている人がいる。

キリスト教だけではなく、仏教もイスラム教も、犠牲を最大限に利用している。

青銅器時代より前の魔術や宗教についてはよくわかっていないが、出土品の多くから、占いの道具や占いに関するもの、何かしらのエンチャントメントの痕跡が発見されている。

ルーン文字といえばかつて北欧で使われていた文字だが、バイキングらの宗教観や魔術体系は知られていないものの、かつてルーン文字が使われ、神話が語られた時代があったことはわかっている。

ルーン文字が脚光を浴びるようになったのは、トールキンの『指輪物語』が、神秘の文字としてルーン文字を利用し、再注目された20世紀半ばからである。魔術師ではなく、魔女宗（ウィッカ）の実践者に多用された。

呪物を作ってみよう

一つ目のエンチャントメントとして呪術を取り上げる。

文化人類学者のジェームズ・フレイザー（1854〜1941）は『金枝篇』という本

を書き、「感染呪術」「類似呪術」という二つの法則を唱えた。

感染呪術

爪や、髪の毛や写真など相手の身体の一部を使用することで、相手に影響を及ぼすことができるとする法則。

類似（類感）呪術

似たものを作れば似た結果を引き起こすという法則。

この二つを利用して、相手に影響を及ぼすことができる。具体的には呪物を使う方法を紹介しよう。

今は呪物ブームだといわれるが、日本で作られた人魚のミイラなども呪物のよい例である。人魚を食べたら不老不死になると信じられ、人魚のミイラを持つ家は栄えるともされた。沖縄の八重山列島の島には女性も観光客も参加できないが、人魚のミイラを崇拝する祭事を行っているところがある。

日本には呪物コレクターが多く存在するが、私は、アフリカ地方のシャーマンや呪術師が作った呪物を手にした人を知らない。アフリカの呪物は500万円くらいするもので、人間の首を数体集めてミイラにし、眼球があった部分を植物の蔓《つる》で結んでいるものが多い。

私はかつて、アフリカの呪物を調べるために頭蓋骨を加工したものを300万円で購入したことがあるが、その後、特に幸運だと思ったことも不幸だと思ったことも起きていない。その頭蓋骨はアフリカの人々が信じる精霊や先祖霊を呼び出し、命令する道具として使用されているものだ。

呪物は英語でFetishという。これは日本語のフェチと同じ語源である。

あなたがコスプレフェチならば、あなたの好きなコスプレの服を呪物にすることができる。あなたが足フェチなら、パテや粘土で美しく足を作り、呪物にすることができる。

呪物とは、年月をかけて作られたもので、恐ろしい効果を発揮するものとして知られているが、それは違う。確かに不気味な姿やミイラ状の生き物、または古くなった人形やものが呪物とされることが多い。

呪われたとされるものを私は多く買い取り、怪事件の解決のために調査した。それでわかったのは、由緒や歴史があるとされ、気味が悪くなったものより、混沌魔術の理論で作られた呪物の方が恐ろしい怪異を起こし、呪いの効果を発揮するということである。ただの錆びた釘と1滴の魔術師の血でもよい。

生贄《いけにえ》や血について書くと、呪物を完成させるために生贄が必要なのか、と思う方もいるかもしれない。しかし呪物自体に血を捧げるかどうかはあなたの選択次第である。ただし、血を使う場合はあなた自身の血を使うこと。他人の血や他の生命体の血を使ってはならない。またリストカット等で自分を傷つけるのではなく、ランセット針を使い、ほんの1滴でよい。大量の血は呪物にはまったく必要ではない。

一方で、**幸運・幸福をもたらす呪物**も数多く存在する。私は信じていないが、蛇革の財布を持てばお金が貯まるという伝承も、呪術的な発想から生まれたものだろう。「金運をアップさせるには白蛇の財布を持つとよい」と本気で信じられれば、それは呪物となる。信じているうちに本当にお金回りがよくなることもあるだろう。

財布を呪いの道具にすることもできる。憎い相手にネガティブな感情を込めた財布をプレゼントすることで、その人が失職しお金がまったく入らない状態にすることも可能だろう。

何を呪物にするにせよ、あなたの意図が重要である。その意図から生み出される道具はすべて呪物とすることが可能である。

人型を利用した呪術のエンチャントメント

自分自身に対して好ましい影響を与えるために、人型《ひとがた》を作るのもよい。神社の人型のように和紙で作るのはなく、できるだけ頑丈な紙で人型を作るのがよい。

49ページに掲載されている「万物対応理論」を参照し、**自分が望むことに合った色で人型を塗ると効果を増す**だろう。そして、トランス意識か魔術意識になったら、人型に触るだけでよい。

恋愛成就のような、人間関係の向上を目的とする場合、自分に何が足りないかを考えよう。そして、足りないと思うパワーを補った方がいいだろう。

その際、万物対応理論で必要な色を調べ、その色で人型を作るとよい。これも一種の類似呪術である。そしてその足りないと思うパワーから連想されるキーワードを人型に書き込む。

あなたがいじめに遭っている被害者だとしたら、いじめに対して恐怖しないよう、勇気を表す赤の人型を作り、勇気から連想される言葉を人型に書き込むとよい。

ダイエットを成功させたいなら、人型であなたによく似た体型を作り、**やせたいところを切り取ったりしてもよい**。これも類似呪術を使った一種の人型である。

そして人型にあなたがダイエットに成功した姿を書き足してしまおう。「体重は○キロで、○の部分をやせたい」などと書き込めばよい。

そして、このダイエットを成功に導く道具を魔術意識の中で、見つめるようにしよう。運動をするときに持ち歩くのもよい。

視覚化（イメージ）を利用しよう

混沌魔術の「視覚化」とは眼を閉じてただイメージをすることではない。強くイメージすることである。自分の意識を騙すテクニックであり、意識を欺くことで、潜在意識にアクセスすることができる。また潜在意識が動くことで、集合的無意識にアクセスすることができる。

視覚化する（強くイメージする）だけで、「精神の編集者」を休ませ、潜在意識を扱う技術となる。精神の編集者とは、私たちが潜在意識に接触しないように24時間働いている存在である。

精神の編集者は、オカルト現象が起きたとき、私たちを日常にとどまらせようとして、あらゆることを行う。「やらせだよ」「気のせいでしょ」「偶然だよ」などと思わせ、目の前でオカルト現象が起きても、否定しようとする。

科学的見解や常識とされることを持ち出し、オカルト現象を否定しようとする。ときには肉体的不快感を発生させることもある。

頭痛や吐き気や出血を起こし、オカルト現象から引き離そうとする。記憶のねつ造すら行う。それが精神の編集者の役割である。

視覚化に話を戻すと、視覚化とは目に見えないものを見ることで、自分の意識を騙し、自分の潜在意識にアクセスする方法である。

例えば「小さな五芒星の儀式」を活用してもよい。これは視覚化の練習を兼ねているが、目の前に燃え上がる五芒星を強くイメージし、その向こう側に大天使をありありと見えるようにする儀式である。

もちろんGPR（148ページ参照）を毎日練習することを強くお勧めする。そのわけは宗教の教理に無関係だからだ。大天使を信じていない人が五芒星の小さな儀式をやっても効果がないだろう。

すぐにはできないだろうが、何度もやってみることで、目には見えないものが「見える」ようになるので、試してみてほしい。

混沌の8つのパワーを利用しよう

「万物対応理論」という言葉を聞いたことがあるだろうか。人間というミクロコスモス（小宇宙）は大宇宙であるマクロコスモスと対応しているという理論である。

天王星

天王星は純粋な魔術の力を持つ。天王星を強くイメージすることで、魔術の知識や魔術の新しいアイデアを得ることができる（49ページの表を参照）。

天王星の色彩は暗い緑である。あなたがもし多くの修行（詳しくは『1日30分であなたも現代の魔術師になれる！』を参照してほしい）をすれば、自分の中に眠る自分だけの色を見出せるだろう。その色をオクタリン・ファイヤーという。

ちなみにピーター・キャロルのオクタリン・ファイヤーはピンク色で電気質だという。私の場合は、暗い紫と明るい青で、電気質を帯びている。

この色彩はアストラルの魔術を使用する際の各個人の色彩である。この天王星に対応する神であるオウラノスを召喚すれば、自分のオクタリン・ファイヤーがわかるだろう。オクタリン・ファイヤーはあなたの成長により変わっていく。

混沌の炎の輝き《オクタリン・ファイヤー》のパワー

あなたがオカルト全般や霊感、超常現象・世界の秘儀などに興味があるなら、オウラノスカラーをエンチャントメントに使用することで効果を強化することができる。

今回は特別付録として、混沌の魔術結社「イルミネーション・オブ・サナテエロス」（IOT）に伝わるオウラノスの儀式（ピーター・キャロル作）を紹介する（80ページを参照）。

太陽（混沌の黄金のパワー）

リーダーシップ、カリスマの発揮を表す。太陽には神々の息子の多くが対応し、ケイオス・マジック（混沌魔術）では、何かの分野のカリスマになりたかったり、リーダーシップを求めるときに扱われる。

太陽に対応する色は黄色または金。太陽を視覚化すれば、あなたの理想像を現実化するのに役立つだろう。人生の成功者やその道のカリスマとして生きるすべを太陽は教えてくれる。

魔術意識としては、大爆笑が対応している。六角形や六芒星が対応する。数字の6が対応する。

西洋魔術全般で、太陽は、誰もがどこかで見たり聞いたりしたことがある有名な神や女神が対応している。太陽といえば例えばアポロンや天照大神が対応する。モラルハラスメントに苦しむ人がいたら、ぜひ太陽のパワーを使ってほしい。

キーワードは健康・黄金・生命・成功者・億万長者・推しの対象者・カリスマ・スーパー有名人・注目・日々使うお金・給与アップ・モラハラである。

土星（混沌の黒きパワー）

土星は死に関すること、魔術的攻撃で相手に死を与える事柄に関する力と知識が対応する。色は黒が対応する。魔術意識では死の姿勢が対応する。

土星と太陽のコンビネーションはあなたの再誕生を意識にもたらすことができる。ただし、とても危険であり入門者には勧められない。失敗すれば精神疾患を患ったりと、魔術どころではなくなるだろう。

自分のアイデンティティを全部望むように変更したいという人もいるだろう。再誕生を求める方はぜひ、『1日30分であなたも現代の魔術師になれる！』で紹介したエクササイズをやってから再誕生に挑んでほしい。土星は三角形が対応する。数字の3が対応する。

土星を強くイメージすれば、死者を呼び出し、コンタクトすることも可能になるだろう。しかしあなたがよく知っていた人物でない限り、死者の呼び出しはとても困難だろう。死者を追い返すこともできるだろう。

キーワードは葬式・死体・老人・枯れた植物・腐乱・墓・死の国・ブラックホール・冷たい・寒い・元気がない・恐怖・呪殺である。

土星のカード

オウラノスのカード

月のカード

太陽のカード

※いずれも『Epoch』（Peter Carroll, Mandrake）より

水星のカード

火星のカード

木星のカード

金星のカード

※いずれも『Epoch』（Peter Carroll, Mandrake）より

月（混沌の紫のパワー）

月は性に関することや性的問題に関すること、または性的魅力に関することが対応する。恋愛に関しても力を発揮するが、金星とのコンビネーションで恋愛に関して最もパワーを発揮する。

色は紫が対応する。セフレがほしいのであれば、月を視覚化すればその知識を得ることができるだろう。性的衝動や性に関する悩みや性的問題にも月が対応している。受精から出産に関するすべてがこの月に対応する。九角形や九芒星が対応する。

月は性に関係し、生命にも直接関係している。生命の神秘に関するすべてに月のパワーを使うことができる。もしアンチエイジングに興味があるなら、ぜひ月のパワーを使ってほしい。

セクハラに苦しむ方もぜひ月のパワーを使ってほしい。数字は9である。

キーワードは性的に気持ちよいこと・性的な問題・性のずれ・アダルトグッズ・生理周期・性衝動周期・生命・和やか・熱い・暖かい・興奮・セクハラである。

火星（混沌の赤きパワー）

火星には勝利や魔術的攻撃が対応する。筋力の増加やヴァイタリティーの増加にもこの惑星が力を発揮する。筋トレ、スポーツ、男性らしさが火星に対応する。

大きな意味で戦争も対応しているが、例えばあなたが自身の弱さと向き合い、あなたの弱さをどうにかしなければならないときに火星の神は知識を授けるだろう。怒りの魔術意識に対応する。

色は赤が対応する。魔術的な攻撃は、土星と火星のコンビネーションで行われることが多い。

ＤＶに悩んでいる人もぜひ火星のパワーを使ってほしい。あなたがＤＶの加害者で、深く反省し、暴力を抑えたいなら、火星のパワーを使ってエンチャントメントするとよいだろう。五芒星、五角形、５が火星に対応する。

自分を鍛錬するスポーツやすべての運動に関するノウハウ、競技種目で勝利するには火星のパワーを利用すべきだろう。

キーワードは筋トレ・筋肉痛・激怒・怒り・暴力・パワハラ・ＤＶ・殴り合う喧嘩・格

闘技・魔術攻撃（対象者は死亡しない）・あらゆる呪いの無効化・正義・肉体で競い合うすべての勝利・多くの日本人が悩んでいるハラスメント行為・イジメ・敵・嫌いな人・競争相手である。

金星（混沌の緑のパワー）

愛に関するすべて、友情、家族愛、博愛、恋愛等が対応する。ただし恋愛に関しては月とのコンビネーションとして使用する方が効果的である。復縁や不倫等への対処も金星の力の範囲である。色は緑。愛情の魔術意識が対応する。

思いやり、相手に対する気遣いという日本人らしい考え方も金星に対応している。友人関係に関するすべて、友好的に接したい相手に関するすべての感情が対応する。

七芒星、七角形、7が対応する。

キーワードは恋愛・愛情・思いやり・友好な人間関係でありたい・平和・温かい気持ち・エンパワーメント・不倫・多くの異性と交際したい・復縁・好意・仲間・友人・推し活である。

天王星	暗緑色	邪悪・逸脱・魔術・混沌魔術・精神医学	0
太陽	金色または黄色	成功・健康・カリスマ性・笑い	6
土星	黒色	死・破壊・腐敗・死の姿勢	3
月	紫色	繁殖・性のあり方・セックス・繁殖・オーガズム	9
火星	赤色	戦闘・攻撃・戦い・怒りのトランスや魔術意識	5
金星	緑色	平和・愛・愛着・優しさ・有頂天のトランスや魔術意識	7
水星	橙色（オレンジ）	スリル・知性・資格・テクノロジー・言葉や文字・恐怖のトランスや魔術意識	8
木星	青色	権力・資産・価値観・財産・お金・傲慢な感情のトランスや魔術意識	4

万物対応表

水星（混沌のオレンジのパワー）

ピーター・キャロルは水星にスリルを対応させているが、恐れ、恐怖も対応する。ただし、伝統的な対応では水星は知性に対応している。テクノロジーも知恵も、弁論、法律の問題や知識も、水星が対応する。色はオレンジ。スリルを感じる魔術意識が対応する。

現代ではスマホがなければ人間関係も作れない。ITに関する問題も、水星のパワーで解決できるだろう。資格制度の職業、プログラマー、ライター、医師の他、商売繁盛（デイトレードだろうが仮想通貨取引だろうが）を求める人もこのパワーを使うとよいだろう。八芒星、八角形、8が対応する。

キーワードはクレジットカード・銀行口座・仮想通貨・知恵・メール・SNS・インターネット・医師・弁護士・裁判官・ビジネス・司会者である。

木星（混沌の青いパワー）

この惑星には権力と富が対応する。もしあなたが経営者ならば、木星のパワーで経営状況の改善・向上や資産運用に関してのエンチャントメントを行えば効果絶大だろう。

対応する色は青。裕福であることの喜びの魔術意識が対応している。四角形、4が対応する。

多くの混沌魔術師がギャンブルは富への冒涜《ぼうとく》であると考えているし、私も同じ意見である。なぜ冒涜行為なのかというと、富は持つものである。自分の方法で扱うことができる価値に対して、確率で操作された影響を及ぼすことは反逆行為である。

キーワードは財産全部・権力者・トップ・権威・寛大さ・裕福な家庭・運用資金・換金性が高い物体・総資産である。

各種のエンチャントメントを行う際、「万物対応理論」の色やキーワードを意識するとよい。

皆さんにはそれぞれの「万物対応表」を自分で自由に作ってもらいたい。作り方はとても簡単だ。

最初から高等な理論を学ぶわけではないので、この表に書かれた単語から何を連想するかを書き入れればよい。その書き入れたものがあなたにとっての万物対応となる。

各項目のキーワードから連想して、自分だけの満足のいく万物対応を完成させてみよう。

特別インタビュー①「シジル・マジックは多くの望ましい結果をもたらす」（FraUD）

※日本語翻訳版権　黒野忍

かつて日本には混沌魔術の情報源は洋書しかなかったが、FraUDの本が2冊翻訳された（『オースティン・スペアの魔術』『性魔術秘密教程　上・下』両方とも魔女の家Books発行。なおFraUDは自分の本が上・下の2冊で発売されていたことをまったく知らなかったという）ことで、興味を持った人が彼の本をバイブルとして読んだはずだ。私も16～17歳の頃に彼の本に影響された。FraUDの本が日本語訳されていなければ、日本に混沌魔術は根付かなかったかもしれない。

FraUDは、すでに紹介した通り、別名ラルフレクト・マイヤーという人物である。彼の書籍は初心者向けに書かれているので、初心者や、魔術に興味がある方も参考にしてほしい。

ラルフレクト・マイヤーはオーストリア在住の現役の魔術師である。彼は趣味に関して

「何か価値のあることをするのであれば、それは単なる暇つぶしではなく、全力を傾けて、注意を払い、努力する価値がある」ということを信条とし、55年間パイプの修復を趣味としている。

今回FraUDにインタビューできたのはとても幸運なことであり、日本の混沌魔術のさらなる発展のためにも役立つだろう。

——なぜ魔術を学んだのですか？

それは「魔術」をどう定義するかによる。9歳のときに魔術を始めた。最初はヨガ瞑想、自己催眠、ポジティブ思考に熱中していた。これらは魔法の実践や訓練ではないが、間違いなく魔術に関連している。

その後、オースティン・オスマン・スペア（AOS）のシジル・マジックと、ほぼ同時に黄金の夜明け団の儀式魔術などを発見したとき、その効果に文字通り驚かされた。そこから後戻りすることはなかったよ。

――最初に学んだ魔術は何ですか？

私はテレパシー、アストラル・トラベル（幽体離脱し、望むところにアストラル体で行くこと）、遠隔視などに関する超心理学的な実践に手を出していたが、最初に本格的に取り組んだのは、20代前半でドイツの魔術師ルドルフ・フォン・ゼボッテンドルフ（トルコ系フリーメイソンとされる）が提案した「レターマジック」（特定の文字を元素に対応させたスピリチュアルで複雑な魔術）によるものだった。しかし、うまくいかず、深刻なうつ病となる瀬戸際に追い込まれたため、結局は断念せざるを得なかった（この経験については、私の著書『Living Magic』［邦訳未刊］に詳しく記載している。レターマジックという特定の魔術の分野についても詳細に紹介している）。

次に、AOSによるシジル・マジックと、黄金の夜明け団などの様々な流派の儀式魔術とヘルメティック魔術（万物対応に基づきエジプト神話、カバラ、ギリシア哲学等を混ぜた教理主義の魔術）が続いた。これは私たちのボン（ドイツ）の実践魔術ワークショップの枠組みの中で、普通に実践され、自己教育的なアプローチが行われた（この点についても『Living Magic』で詳しく触れている）。

――あなたは魔女宗（宗教）を信じて実践しましたか？（愚問をお許しください）

まったく愚問ではないよ。現代の多くのオカルティストにとって、ウィッカ（魔女宗）は学問的で、伝統的な魔術への初めの扉の一つだったからね。

しかし、私はウィッカの秘儀には受け入れられたことがなく、他のネオペイガン（異教復興運動）のカルトや組織についても同様だけど、ウィッカのことは常に大きな共感を持って見てきたよ。

ただし、実際に一度（匿名で）ウィッカに関する本を書いたことがある（ドイツ語で）。それは小さなベストセラーとなり、ウィッカン・コミュニティ全体から非常に好意的に受け入れられたよ。

――あなたの成功したシジル・マジックのお話を聞いてもよいですか？

私は自分の個人的な魔術的な実践や結果についてあまり話すことはないんだ（話すことがよくないなんて迷信だと言われるかもしれないが、実際には様々な理由で魔術的な問題については口外しないことにしている。公にすることではなく信頼できる仲間との私的な情報交換に限定するのがよいと信じているから）。

しかし、共有したいのは、シジル・マジックが多くの望ましい結果をもたらすということであり、ありえないほどの「偶然の一致」が現れたことだ。そうしたことで、物質的な面でも社会的な面でも多くの成果を得ることができた。これが、実際に私を生涯にわたって実践的な魔術に引き込んだ要因だね。

――私の知識の範囲では、ドイツの魔術師としてはフランツ・バードン、それから私の友人ハーゲン（Hagen von Tulien）がいますよね。ドイツにはケイオス・マジックの実践者が多数存在することも知っています。現在のドイツでどのような魔術的なアイデアがあるのか、そしてセレマ宗、ウィッカ（魔女宗）、黄金の夜明け団の割合はどの程度なのかを教えてください。

残念ながら、それぞれのパーセンテージや市場シェアに関する信頼できる統計データは存在しないと思う。私が提供できるのは、事実に基づいた推測以上のものではない。

実際にはかなり長い間、ドイツのオカルトシーンに個人的に参加していないため、そうした点での知識はあまりないんだ。ハーゲンの方がより詳しいだろうね。

しかし、お伝えできるのは、通常シーンを構成するコミュニケーションやネットワークのほとんどがオンラインの世界、つまりインターネットに移行したということだね。これにより、国際的な交流や結束が促進されたけど、それが可能となった規模と範囲には、影の側面もある。

人々は以前よりもさらに自分のバブル（泡）の中に閉じこもりがちになった。現在は事象が分断され、分散されているため、全体として何が起こっているのかを信頼できる形で把握することはほぼ不可能だ。

――最もよく使う魔術の道具は何ですか？

私はもう魔法の道具を使っていないし、何十年も使っていない。このことを伝統的な枠組みと比較したい場合、「空の手のテクニック」が思い浮かぶかもしれない。ただし、手を使うこと自体が、空でもいっぱいでもやりすぎだ……。

（黒野注）これはFraUDが「虚無の魔術」（159ページ参照）を使っていることを意味している。彼はピーター・キャロルが使う用語が嫌いなので、虚無の魔術とは言っていないが、空の手＝虚無だ。

——これは私からではなく、初心者の方からの質問です。独学で魔法を学ぶことに限界はありますか？

はい、またはいいえ。しかしあなたは非常に柔軟で、新しいアイデアや物事に対する斬新なアプローチを受け入れやすいかもしれない。あるいは、家族の中に初歩的あるいは洗練された魔術の伝統があるかもしれない。その場合、独学でもかなり先まで簡単に進めるだろう。

いいえ。しかしあなたの抑制、視野の狭さ、限界を見極めて指摘し、場合によっては改善するのを手伝ってくれるのは、たいてい他人だろう。

私自身は最初は本からでのみ魔術を学んだが、本当の進歩は、仲間・同僚・教師、さらには組織など、他の人と交流したときにのみ起こった。

もちろん、一人ですべてを行うことは理論的には可能だが、私の知る限り、その方法で実際にうまくいった歴史的な事例は一つもない。

他の分野とそれほど違いはないかもしれない。

禅仏教を例にとってみよう。もちろん、悟りを得なければならないのはあなた自身（それが誰であれ）だが、僧と教師は、そのプロセスをスピードアップするのを手伝う。同様に重要なのは、あなたの欠点や間違いを指摘して修正するためにいるのだということだ。

――世界中でサイケデリック（幻覚剤）が合法化されています。サイケデリックは将来、ケイオス・マジックで何かの役割を果たすでしょうか？

サイケデリックに関しては、常に注目するほどの効果があるかどうかはわからない。サイケデリックは、まったく異なる世界観を見せ、様々なトランス状態に到達するのに役立つだろう。

サイケデリックは確かにすばらしいし、無敵ですらあるが、危険がないわけではない。しかし、私はサイケデリックが魔術そのものに特に役立つとは思わない。

サイケデリックは将来のケイオス・マジックで大きな役割を果たすか？　個人で使用する場合は役割を果たすかもしれない。しかし集団で使ったときの効果は、調整や制御が非常に難しいため、使用しない方がいい。

サイケデリックは人々の集中力を失わせ、精神的な混乱を引き起こす傾向があることを忘れてはならない。魔術の作業に影響を与えるものとしては、サイケデリックは望ましい選択肢ではない。

——日本のケイオス・マジックのファンや初心者の皆さんにコメントをお願いします。

その前に一言いいですか。一部の日本人の間には、ケイオス・マジックは黒魔術だという古くてばかげた言い伝えがあります。私はことあるごとにそれを否定してきましたが、この本でも同じことを書かなければなりません。ケイオス・マジックは黒魔術ではありません。検索マニアのせいで、ケイオス・マジックは黒魔術と見なされているようです。また、日本ではアレイスター・クロウリーばかりが称賛されています。あなたの著書『ドイツのセックスマジシャンの秘密』は、クロウリーの信奉者に対する批判が書かれたすばらしい本だと思います。

Sinobu、私はあなたの意見に完全に同意します！「ケイオス・マジックは黒魔術だ」というのは、無知で無学な人が騙されやすく怠惰な人のために述べた言葉にすぎません。実際、黒魔術というテーマについて60年以上研究してきた中で私が出会った「黒魔術」の最高の定義は、「黒魔術は常に他人に使用される魔術である」ということです。

結局のところ、情報に基づいた相対主義と非本質主義（結果と原因、因果関係や相対的に比べるものがないこと）こそがケイオス・マジックのすべてなのです。私の見解では、ケイオス・マジックは今でもマジックの普遍的な歴史の中で、最も知的で最先端の前衛的なアプローチの一つです。斬新で革新的、そして破壊的です。だから、これからも日本の皆さん頑張ってください！

――数年前に日本で、シジル・マジックをめぐる詐欺事件が起きたとき、私は驚きました。ピーター・キャロルもこの事件のことは知っています。

彼らはまったく知らない人たちの願いのシジルを作り、体に複数の印を書いてバンジージャンプで活性化していました。これは効果のない方法だと思います。どう思われますか？

シジル・マジック自体の基本的な信条と論理に反しているので、まったくのナンセンスだと思うよ。ただの時間の無駄だろうね。

――2024年現在、日本では主に黄金の夜明け団が最もポピュラーです。次にウィッカの教派が続き、その次にセレマが主流です。混沌の騎士団（私がCEOを務めています）は、20年間にわたり、ケイオス・マジックの教えと実践を行ってきました。

日本のファンタジー小説（『とある魔術の禁止目録』鎌池和馬著、電撃文庫発行）では、黄金の夜明け団の伝承魔術グループのアイデアが使用されています。未来の日本を舞台として15歳の少年と少女が超能力と魔法を使って戦います。この作品では、アレイスター・クロウリーが少年と少女が住む都市の創設者として描かれています。そのため、魔術に興味がなくても、ファンタジー小説の読者はアレイスター・クロウリーを魔術師として知っています。

混沌魔術が様々なカルチャーに影響を与えているということは興味深いことだと思う。そのような事例はカルチャー的な流行やファッションがどのように異なる方向に発展するかを示している。

例えば、地元のシーンに精通している人々から、イタリアのオカルティズムが今日でもジュリアス・エヴォラ（グループ・オブ・URの創始者の一人）とグループ・オブ・UR（1927年頃にジュリアス・エヴォラ、アルトゥーロ・レギーニ、ジョヴァンニ・コラッツァなどの知識人によって伝統主義と魔術の研究のために設立されたイタリアのオカルト団体。URとは、ルーン文字のウルズを意味する）の伝統主義者によって支配されていると聞かされている。

もちろん、イタリアにはケイオス・マジシャンやウィッカなどがまったくいないわけではない。しかしそれらが魔術の業界で過半数を占めているわけではないということだね。

第3章

儀式魔術を使ってみよう

杖を聖別する

儀式魔術とは儀式による魔術を指す言葉で、近代以降に生まれたとされる。一番簡単な儀式魔術は、ポケットサイズの杖を聖別することだろう。

まずポケットサイズの杖を好きな方の手で握り、空中に円を3つ描く。それから「第一の円は天、第二の円は地、第三の円は人」や「サイン・コサイン・タンジェント」と唱えればよい。これで杖は聖別された。

聖別された杖は魔術意識の瞬間に、印形（シジル）を強くイメージする。だから強くイメージした印形に杖を向ければよい（印形の作り方はのちほど説明する）。

あるいは魔術意識の瞬間に印形を書いた紙に杖が触れればよい。魔術意識の瞬間に呪文を唱えながら杖を振りかざすだけでもよい。

また杖は常に持ち歩くことが大事である。

現代版の蠱術を使う

次に古代中国発祥の蠱術《こじゅつ》を紹介する。蠱術とは、箱に100匹の毒虫や蛇等を入れておき、共食いをさせ、数日後に生き残った生き物を呪物として用いる呪術である。

もちろんこのままの方法を現代に行うといろいろと問題があるので、現代人が使えるようにアレンジした。

なお、動物を使用した魔術といえば、中世に書かれた奥義書『ソロモンの鍵』では犬に魔術師の手伝いをさせる話が書かれている。魔術師アレイスター・クロウリーはカエルにイエス・キリストの名をつけて一定期間飼育した後に殺すことで、キリスト教を滅亡させる魔術を行っている。しかし、それから2世紀が過ぎてもキリスト教は健在だ。

アレイスター・クロウリーは喚起魔術（存在を作り出したり、呼び出す魔術）で呼び出す存在を物質化するときに血を使うのをよいことと信じていた部分もある。神々に生贄を捧げるために鳩1羽を生贄にしたとは思えない。

クロウリーはもっと多くの動物を生贄として使用しているだろうし、もしかしたら、雨の日に道でカエルを見たら「滅べ！　キリスト!!」と言ってカエルを殺害していたかもしれない。またクロウリーが赤子を生贄にしたとほのめかす記述があるが、彼の精子を供物にしただけであり、実際には赤子を生贄にしてはいない。

一部のシャーマンは昆虫を悪の霊または善の霊と考える。宮古島市大神島に住むシャーマンプリーステス（カミツカサ：私は最後のカミツカサが82歳のときお会いした。日本唯一無二の憑依型シャーマニズム）は儀式で虫を海に流すという。

現代版蠱術の最も簡単な方法を紹介しよう。魚を1匹買ってきて、カルキを抜いた水を入れたコップに入れる。そこで、

「一切平等という生命の呪いにかけて、○○○○（ペットの名前）よ。生命を与える。さあ大量の生命虐殺の勝者の○○○○（ペットの名前）よ。○○○○（あなたが思う願望）を果たせ。願い満ちるとき、さらなる大きな命を与えよう」

と唱えればよい。

「大量の生命虐殺の勝者」とはどういうことか。ペットの犬や猫など多くの動物たちの人工飼料は魚などの肉を大量に使用してできたものだ。つまり、人工飼料を作るために魚などの動物の命が犠牲になっているわけである。

犬や猫だけではない。ペットの爬虫類も鳥もハムスターなども、他の動物の肉や一部を加工したものを食べている。その意味で、ペットビジネスは他の生物の犠牲の上に成り立っていると言ってよい。

そこで、他の多くの生命の犠牲の上に生かされているおまえを生かすので、願望を果たせ、と命じるわけである。もちろん、魚でなくてもいい。飼っているペットに対して前ページの呪文を唱えてもよい。

この方法で願望がかなったと思ったら、ごほうびとして、普段より高価な餌を与えたり、餌の量を増やしてあげてもいいだろう。

このとき、あなたの願望をシジル（印形）にしておき、ペットの飼育ケースの近くに置いておくとよい。そのシジルを見慣れたマークにしておくと、潜在意識の力が発揮されるし、蠱術の効果が増すだろう（シジルについては128ページを参照）。

太古には人類は動物とともに生きていた。現代よりもずっと人間と動物とは密に交流していたと思われる。

最も強い呪物というのは、生きながらして潜在意識の力を発動して、厳しい環境で生き残った王者の骨や乾燥したミイラなのだろう。しかし混沌魔術の魔術意識を使用すればそれらの呪物は必要ない。あなたのペットやコンパニオンアニマルをあなたの潜在意識の依《よ》り代《しろ》（潜在意識がよりつく先）にしておけば、ペットがあなたにとって最強の呪物になるだろう。

魚や動物を飼いたくないという人は、植物で蠱術を行うこともできる。実に簡単だ。観葉植物に向かって、前記の言葉を唱えればよい。

もちろん観葉植物もあなたが買う前に多くの犠牲が払われている。選ばれなかった植物や売れ残りは処分されるだろう。

死の姿勢によりネガティブな願望をかなえよう

儀式魔術（Auto-Da-Fe Rite、**異端者処刑儀式**、©Pete Carroll、**日本語版権**©Sinobu Kurono）

注　これは、オースティン・オスマン・スペアが魔術意識の中で、死の姿勢を儀式として行ったという情報をもとにピーター・キャロルが創案した儀式である。この方法は、ネガティブな願望をかなえるために行ってもよい。

ネガティブな願望とは、例えば、呪いや浮気封じなどである。好きな人に交際相手がいるが自分に振り向かせたい、別れたけど復縁したい、などという人もいる。この方法は魔術的攻撃にも使える。
シジルや呪文やネガティブに働く呪物を作るなら儀式前にやっておくこと。

この儀式を一言でいうと「抑制型魔術意識（死の姿勢）による呪文の活性化」（印形など）である。ちょっとした技術として視覚化（イメージ）も使われる（願望の印形をイメージする）。願望の印形は皆さんが作る願望のシジルなので、「〇〇〇〇したい」というシジルを自由に作ってよい。
カウントダウンに続けてエノク語を述べることで、ネガティブな元素の力をもたらす。

儀式次第
「私の意志は源への帰還である！」と述べたら、カウントダウンを始めて、エノク語を唱えればよい。

4！（よんでもフォーでも好きな方で）

ZAMRAN MICALZODO CAOSGI TELOCH
ザマラン・ミカルゾド・カオサギ・テロケ
（我が身体は埋葬にあらず！　自己の広大無限なる質量の増加たらん）

3！
ZAMRAN MICALZODO ZIN ORSABA
ザマラン・ミカルゾド・ジン・オルスバ
（我が感情は溺れるにあらず！　自己の広大無限なる水の増加たらん）

2！
ZAMRAN MICALZODO MALPIRGAY DAXIL
ザマラン・ミカルゾド・マルピルガイ・ダキシル
（我が性は欲情にあらず！　自己の広大無限なる炎の貪食たらん）

――！

ZAMRAN MICALZODO ZODONG MANIN

ザマラン・ミカルゾド・ゾドング・マンイン

（我が精神はそよめく思考にあらず！　自己の広大無限なるそよめきたらん）

O！

ZIRDO LUCIFTIAS IADNAMAD

ジルド・ルシフィタス・イアダナマド

（我は混沌！）

死の姿勢を行え。

（注　以上を唱えたら鼻と耳と口を両手でふさいで目を閉じ、「苦しい……もうだめだ……」という瞬間に、願望の印形を心にイメージする。呪文は心の中で絶叫すること）

富の啓蒙の儀式でお金持ちになろう

富の啓蒙（©Pete Carroll、日本語版権©Sinobu Kurono）

注

この儀式は、オカルト編集者・角由紀子さんと2020年に集団儀式で行った。お金に関する啓発とお金を呼び込む儀式魔術であるが、角さんは魔術師ではないものの、効果はあったと本人が微笑みながら教えてくれた。とても簡単にできる集団儀式だ。

できれば四人以上で行ってほしい。あなたはそういう友達をシジル・マジックで得ているかもしれない。またDave Leeの著書『CHAOTOPIA!』の中でもこの儀式の概要だけ紹介されていた。

富の啓蒙は、Dave Leeが所属する「イルミネーション・オブ・サナテエロス」（IOT）でも混沌の騎士団でも集団儀式として行われる。もちろん、あなたが混沌の青色のパワーを使って、多くの友人と一緒に、オカルト遊びごっことして気軽にできるものである。

オカルトに理解のある友達と遊園地のお化け屋敷を巡り、本当に幽霊に会おうとするような遊び感覚できるのも、この儀式を集団で行う際の利点となる。

用意するもの

青い袋（紙袋でもなんでもよい）

オレンジの折り紙などを用意し、お金について恐れていることや嫌だと思っていること（汚職のために使われる等）を日本語で書いておく。

紙を燃やすので、耐熱性の容器（深い鍋や灰皿等）を用意し、消火の必要がある場合に備えて水を溜めておく。

1　正方形を作るように座る。その中央に、儀式を進行するリーダーが立ち、青い袋を置く。参加者は青い袋に、富のパンタクルス（富を示すすべて、財布、お札、預金通帳、キャッシュカード、現金、クレジットカード、スマホ決済を利用しているならスマホなど）を入れておく。なお、パンタクルスとは魔術の図形や物品のこと。

2　リーダー（注　ピーター・キャロルが書いた原文では、リーダーはＭＴとされている。これはＩＯＴでは儀式の引率者はMagister Templar［神殿の首領］と言うことか

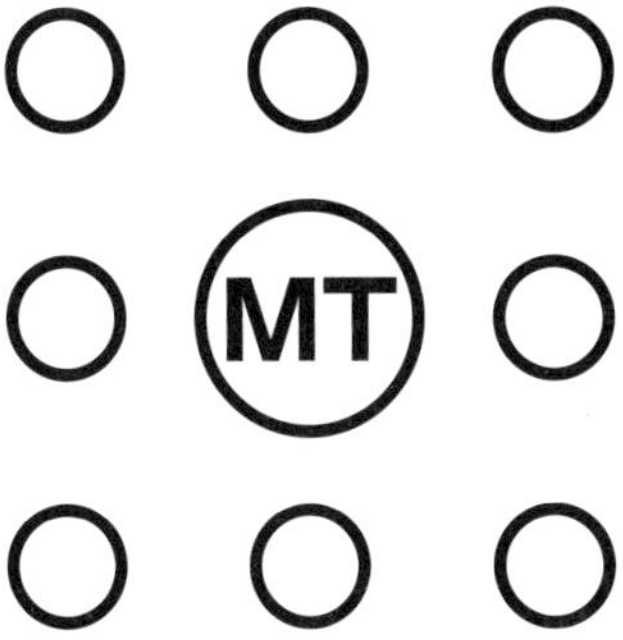

正方形を作るように座り、その中央に、
儀式を進行するリーダーが立つ。

ら）は準備ができたことを確認し、儀式の目的を述べる。

「私たちの意図は木星の意識を呼び出し、お金で成功するために使い捨ての消耗品のパンタクルスを聖別することだ」

3　法螺建《ほらりつ》4回（注　法螺《ほら》貝を吹くことを「建てる」というが、法螺貝を吹かなくても問題ない）をしたあと、参加者はオレンジの紙を破いて、耐熱性の容器（鍋、灰皿等）に破いた紙を集め、火をつける。

4　リーダーは「APO PANTOS KATODAIMONOS」と大きな声で言う。参加者は「悪魔よ出ていけ！」と4回、炎に向かって大きな声で唱える。

5　リーダーは中央に青い袋を置き、次のお金の召喚を唱える。

「お金の召喚

お金は動いてないときのみ悪用される。

お金とは喜びの精霊。

お金の性質は変化した。
土地から金、紙、プラスチック、純粋な数。
私はあなたたちにこれを述べます。
お金は今は元素（地）の性質はなく、元素（風）の性質です。
お金は人間の創造の精霊、神や悪魔のようにお金は生きている存在。
お金に対しての自分の恐れ、愛、希望と共に
私はお金が大好きだ。
お金が動いているときのみ、お金は再生する。
お金が貯金されるときお金がゆっくり死ぬ。
しかしお金が動けば、復活する。
お金が私たちを愛してくれるために
私たちはお金が働くためのチャンネルになる必要がある。
私たちはゼロマネーに投資を開始する！」

6　参加者たちは個別にお金の召喚を行う。リーダーは一人一人に対してお金の召喚の言葉を唱える。

「お金を稼ぐ。私はお金を愛してる、お金は私を愛してる。お金は私と一緒に働く！」

この言葉を唱え、青い袋を参加者に渡す。参加者は、

「お金を稼ぐ。私はお金を愛してる、お金は私を愛してる。お金は私と一緒に働く！」

と唱え、次の人に青い袋を渡し、次の人も同じ言葉を唱える。その際、できる限りお金に関してのうれしい記憶を思い出す。

参加者の数だけ個別のお金の召喚が唱えられ、青い袋がパスされていき、それが終わったら次のことをする。

木星姿勢

7　青い袋（お金）を中心に置き、目を閉じて、木星姿勢を行う。その際、青いエネルギーを視覚化し、支配と権力の感情を表現すること。

それから息を吸ってEMURT INUM（イムルトーインユム）という呪文をひと呼吸で4回唱える。それを4回繰り返す（つまり、16回呪文を唱えることになる）。

それから参加者全員で大笑いして（笑う真似ではなく本当に笑うこと）、この儀式を終える。

8　参加者は青い袋から富（お金）のパンタクルスを取り出す。

オウラノスの儀式で真の魔術師になろう

オウラノスの儀式（©Pete Carroll、日本語版権©Sinobu Kurono）

儀式の概要

これは真の現代魔術師になるための儀式である。この儀式をすることで、真の混沌魔術師になれる。

7つの古典的な惑星（水星、金星、火星、木星、土星、太陽、月）は、心理学のスペクトル（分光分布図）を表すために使われることがある。これは、異教思想に内在する原理である「宇宙論は心理学を体現しなければならない」という考えに基づいている。

オウラノス／ウラヌスは、古典的な惑星の外側を回る第8の天体であり、これらの惑星に帰属する神々や思念の形態の外にある。したがって、これはすべての神々をその軌道内に包含する理想的なシンボル、すなわち魔術的な人格を形成する。

オウラノスは、魔術そのものの力（天王星に帰属する）ではなく、魔術師になりたいという願望と、魔術師のように生きるために必要な人格を表す。天文学的には、オウラノスの軌道は奇妙で、極軸が偏った角度で、ほぼ黄道面上にある。これは魔術師の反律法的な性格を象徴し、奇妙で神秘的で倒錯したものを常に探求し、その秘密を解き明かすためのものである。

オウラノスはまた、太陽の暗い側面と考えることができる。古典的な惑星は太陽であり、人間の人格の明るい中心を回るが、オウラノスは通常の外側の暗闇の中で、何かもっと暗く、おそらく狡猾なものを表す。

オウラノスの魔術師の象徴は蛇であり、神の形態はエジプト風のウラエウス様式の蛇を冠した蛇形の杖を持ち、蛇のモチーフをあしらった衣装を身にまとって呼び出されるか、そのように視覚化されるかもしれない。

エポックカードのオウラノス（44ページ）を参照。その姿をそのまま使用してもよい。

オウラノスには、その人が呼び出すときに特有の色、オクタリンと呼ばれる第8のスペクトルの色がある。これは個々人にとって魔術を表す色である。

多くの魔術師にとって、オクタリンは、意図的に特定の色にしない限り、視覚化が発生する色である。オウラノスの背景色は暗緑色である。

純粋な魔術を応用するためではなく、魔術の知識や技術の発見や魔術の自己啓蒙のために行われる。直接的な効果を生み出すためではなく、喚起魔術を行う（今回の本では喚起魔術の解説はしない）。オウラノスはオウラノス言語、シンボル、理論の創造や発見のため、または精神医学のために呼び出されることがある。

オウラノスの儀式

（基本的なオウラノスの儀式は多くの目的に適用されるかもしれない。また一人で行う場合は以下の「我々」を「我」に読み替えること）

1　GPR（Gnosis Pentagram Ritual、148ページ参照）を行おう。
2　作業場所の上に混沌の星を描き、強くイメージする。
3　意図の宣言を声に出して言う。「我々の意思はオウラノスを呼び出すことである」な

オウラノスのシジル

混沌の星

ど。

4　八つの大きな音。（注　必ずしも必要ではない）

5　序文（84ページ）を朗読する。

6　喚起（召換）1（85ページ）を声に出して読む。

7　自身にオウラノスの印（シジル）を描き、イメージ化する。

8　喚起（召換）2（86ページ）を望む回数だけ大声で叫ぶ。感覚の過負荷を求め、以下のいずれか、またはすべてを実行する。

○参加者は左手に描かれたり、持っているオウラノスのシジルを見つめ、逆時計回りにぐるぐる回転し、だんだん速度を上げる。

○自発的に過換気を行う。呼吸を強く速く吸い吐くことで、過換気を行う。

○奇妙で不協和音の、妖しげな音／効果音／音楽を再生する。YouTube等で「不協和音音楽」で検索して好きな曲を使用すればよい。
○参加者はオウラノスの神の形態を視覚化し、「オウラノス」の名を唱える。オウラノスの魔術師の象徴は蛇である。オウラノスの神の形態はエジプト風のウラエウス様式の蛇を冠した蛇形の杖を持ち、蛇のモチーフをあしらった衣装を身にまとって呼び出される。そのような姿を視覚化してみよう。
○オウラノスのシジルにオクタリンの光を視覚化し、その光が参加者から発するようにする。
○笑いを追い払い、必要に応じて追い払い儀式に続く。具体的には「笑/笑」を行い、GPRを行うことである。
笑/笑とは一日最低30分は瞑想し、「笑いとは何か?」と考えることである。「愉快とは何か?」などと考えながら、笑いを分析し、思うままに笑えるようになるまでひたすら瞑想する。そのうちに何があっても笑い飛ばせるようになる。

序文
「我々はオクタリンの炎で輝くオウラノスの蛇を視覚化することにより召喚す。

魔術の色で、蛇は我々を直接見つめている。大作業の欲望のために召喚す。
蛇はオウラノスである。
我々の魔術への衝動、それは知識と力の贈り物を僕に与える。
魔術がなければ、我々は他の神々に対して心のない奴隷だ。
何も変わらず、我々は一つの神に仕え、その次にまた別の神に仕える。
魔術がなければ、我々はロボットだ。
我々の選択は予測可能だ。
蛇は、自己と呼ばれるリンゴ全体に虫がはびこっていると我々に気づかせる。
蛇は我々を噛み、我々に魔術師になる狡猾さをもたらす。
蛇なしに我々は存在しないかもしれない。いや存在している。
そのことを考えよ！」

召喚1
「オウラノス！　オウラノス、我々は御身を召喚する
魔術師の神、太陽の暗黒面、心の中の秘密の自己として潜伏する者よ来たれ、オウラノ

ス、来たれ！
ウラエウスの冠をかぶり、我々の中に邪悪な啓示をもたらし、世俗的な現実の呪文と幻想を打ち砕け、ウラエウスの蛇の力を解き放て！

天才と堕落の知識を我々に授け、明るい秘密と暗い秘密を、蜜と毒を、他のすべての自己の秘密の悪徳と希望を見せよ！

操作と陰謀の力を我々に示せ！

神々の領域を開け！

蛇の杖の道を我々に示せ！

ザムラン・ミカルゾド・オウラノス　ヴレルペ・マルピルゲ・オウラノス　ゾダケアレ・オド・ゾダメラヌ・オウラノス」

召喚2
「オウラノス、オウラノス、イオ・オウラノス！
すべての神々の軌道内にある秘密の自己
対立的な知恵の神、持つべきでない知識の神、奇妙な力源からの邪悪な啓示の神！

我はオウラノス、魔術師の神
我は魔術を行う、ジャグラー
我は暗き陰謀の天才
なぜなら我は自己の秘密の動機を知っており　他の人々の隠された動機を見る故に
我は混沌の子供
我は騒乱であり動揺
ウラエウスの冠をかぶった力の蛇、天才に導く。しかし阻まれると堕落に至る
何も真実ではない、すべて許されている
我は時間と性と死を創造し　自己を制限し表現する
我はオウラノス、魔術神！
ジルド・コムセレ・イアイドン・オウラノス
イオ・オウラノス！」

特別インタビュー②「エンチャントメントは長い目で効果を待とう」（ピーター・キャロル）

※日本語翻訳版権　黒野忍

次に混沌の魔術結社「イルミネーション・オブ・サナテエロス」（IOT）を創り出した3名のうちの一人、ピーター・キャロルのインタビューを掲載する。魔術師になるときに忘れてはならない心構えが語られているので、ぜひ何度も読んでほしい。なお、Stokastikosはピーター・キャロルの魔法名である。

——なぜ魔術を勉強したのですか？

化学よりもずっと面白かったからだよ。

——最初に学んだ魔術は何ですか？

ポール・ヒューソンの『Mastering Witchcraft』、エリファス・レヴィ、黄金の夜明け団、アレイスター・クロウリー、ケネス・グラント、オースティン・スペアを読んだ。そしてこういったすべてのアイデアを実際にやってみたよ。

――ウィッチクラフトを実践しましたか？（愚かな質問をお許しください）

ウィッチクラフトは、ジェラルド・ガードナー（ウィッチクラフトの創始者）が黄金の夜明け団とアレイスター・クロウリーのアイデア（黒野注　裸になり目隠しされ縛られて鞭で叩かれる行為がガードナー宗のイニシエーションとされたが、縛って鞭で叩くのはクロウリーの女性軽視、あるいは彼の性癖の現れとしか思えない）を使用し、マーガレット・ミード（文化人類学者）の誤った人類学とキリスト教徒による古くて狂った非難を混ぜ合わせた、完全に現代的な創作物なんだよ。

――成功したシジル・マジックの結果をいくつか教えてください。

個人的な人間関係で、ビジネスの起業家として、作家として、そして奇妙な知識の領域の探究で、満足のいく成果と多くの結果を得たよ。

——英国でセレマ、魔女、ＧＤ（黄金の夜明け団）を実践している人の割合はどのくらいですか？

さあ。詳しくは知らないが、最大のグループは魔女やドルイドを含むネオペイガニズムだと思うよ。今のネオペイガンたちはケイオス・マジックのアイデアやテクニックを多く使用している。セレマとＧＤはもはや若者を惹きつけていないようだね。

——シジル・マジックが機能する理由を説明してもらえますか？

シジル・マジックとは意識よりも心理的・超心理学的な力を持つ潜在意識・無意識を活性化しているからこそ機能できる魔術なのだよ。

——英国には研究マニアの魔術師はいますか？

古い写本や古代の本から秘密を解き明かそうとする魔術師もいるし、私やライオネル・スネル（英国の魔術師）のように、現代の魔術の考え方を解明しようとする人もいる。

——イギリスのセレマは、避妊セックスが悪霊を生み出すと今でも信じているのですか？

私は聞いたことがないね。アレイスター・クロウリーは、自分の考えに基づく宗教を作ろうと懸命に努力し、信者から搾取するために、突飛なたとえ話や嘘、冗談をよく言っていたよ。

——趣味は何ですか？

私は田舎を散歩するのが好きでね、彫刻、魔術の道具、家具、宝石、ボードゲームなど、自分の手で何かを作るのが好きなんだ。宇宙論や量子物理学の研究や理論化も楽しんでやっているよ。

——魔術で最もよく使う道具は何ですか？　僕はあなたの教えの通り、ポケットサイズの杖を使用しています。自分が育てた薔薇の枝を杖にしています。20年前に枝を切り落とし、杖にして、2019年のあなたの教えに従い、どこでも持ち歩いています。混沌世界に簡単にアクセスできるようにケイオスフィア（混沌がリアルに出現するための力を持つ道具）がついています。

いいアイデアだね。私は拙著『Epoch』で紹介した、主要なシンボルがすべて刻まれた、自作の梨の木のポケット杖を持ってるよ。これをどこにでも持ち歩き、儀式のときに振り回している。

——（あなたのファンからです）魔術の独学には限界がありますか？

いいえ。しかし実際には、他の魔術師に会って魔術について話し、皆で魔術をすることはとても大きな価値があるよ。

――サイケデリック（幻覚剤）は世界で合法化されています。サイケデリックは将来ケイオス・マジックで何かの役割を果たすでしょうか？

そうならないことを願っている。サイケデリックは扉を開けることができるが、魔術師は意志と想像力で扉を開ける方法を学ぶべきだね。

――あなたのファンからは以上です。YouTubeでもらったコメントをあなたに届けました。では次に、基礎訓練で、不動を練習する初心者の中には、シジル・マジックをしてどうにかしようとする人がいます。そういう人は「不動ができるようになることが私の目的です」「視覚化できるようになりたい」「明晰夢が見られますように」等々、何にでもシジルを使います。こうした考えは僕は間違っていると思いますが、どう思いますか？

そうだね。それは完全に間違っているよ。魔術師は常に、望むことを達成するためにまず物質界（要するにリアル）で可能な限りできることをやった後に、必要に応じて魔術を行うべきだね。

――ずいぶん前に日本で、子供に『法の書』（アレイスター・クロウリー著）を朗読させたという非人道的行為が行われました。イギリスのあるケイオス・マジシャンはそれを知って、「どんな理由があるにせよ、子供に『法の書』を朗読させたことは児童虐待だ」という意見を述べていました。あなたはどう思いますか？

私はアレイスター・クロウリーの『法の書』が大嫌いだ。それは、とんでもない宗教を信じたい人々のために作られた、厄介な宗教風の価値のないものだと思っている。エジプトでクロウリーが感銘を受けたのは、古代エジプトの宗教とイスラム教の狂信性だった。彼は、自分自身を預言者として、それらを混ぜ合わせて宗教を作ろうとした。（訳注　ピーター・キャロルはアレイスター・クロウリーやOTO、セレマに関してアンチな態度を後年とっている）

――どんな流派であっても、魔術師になるための基礎訓練はちゃんと行うべきですよね？　基礎訓練をしない日本の魔術師をどう思いますか？

自分の心のコントロールを学ばずして、その先には何もない。

——最後に、日本のケイオス・マジックのファンや研究者へのメッセージをお願いします。

Sinobu、そして、初心者の皆さん、アドバイスを二つ与えよう。

一つめ。「魔術とは、想像上の現象を用いて現実に効果を生み出すことを指す」ということを常に忘れないでほしい。

二つめ。できるだけ、「エンチャントメントは長い目で効果を待とう。占いは短い未来を知るためのもの」という点を常に心がけよう（注　詳細については『1日30分であなたも現代の魔術師になれる！』で述べられている）。

Sinobu、そして日本の初心者の皆さんに、心より祝福を。

Stokastikos

第4章

アストラルを使ってみよう

アストラルのエンチャントメントと引き寄せの法則

アストラル体は幽体と訳されることもあるが、幽体とイコールではない。魔術師はアストラルという領域があるのだと考えている。

アストラルとは何かを突き詰めて考えれば、潜在意識が私たちにインプットされた状態であり、潜在意識の中で私たちが活動している状態と言えばいいだろうか。明晰夢、つまり夢だと自覚しながら夢を見ている状態、それこそがまさにアストラルの空間にいることになる。

私たちがアストラル意識を利用できるようになるには基礎訓練が重要である。しかし基礎訓練なしでできる方法論も存在する。「最も個人的な悩みこそ普遍的な悩みである」ということを私たちは忘れてはならない。

ペットロスに苦しむ方や親しい方に逝去された方にアストラルエンチャントメントは効果があるので、ぜひやってみてほしい。

ではアストラルエンチャントメントのやり方を解説しよう。アストラルの魔術は、基礎訓練がとても重要であるが、今回は魔術意識のときに、簡単にあなたの願望をかなえる方法を紹介する。

例えばあなたの願望が「高級車がほしい」であれば、その高級車を**トランスまたは魔術意識のときにイメージすればよい**。ただし、その高級車を手に入れたらどこにドライブに行こうとか、恋人や家族とどこに行こうなどということは考えてはならない。

実に簡単な方法である。物理的な道具を必要としないのも、アストラルのエンチャントメントのよいところである。呪術のエンチャントメントのように、道具を製作しなくても機能するのがアストラルのエンチャントメントである。

こう書くと、トランスや魔術意識の中で、あなたが得たい結果をイメージするだけで、あとは潜在意識に任せるというやり方は、「引き寄せの法則」に似ていると思う人もいるかもしれない。

引き寄せの法則とは、「望ましい未来」を意識的に作り出す方法で、望ましい結果が手に入ることを信じたり、夢や願望がかなったことをイメージすることで、望ましい結果が現実となる、とする法則である。

アストラルのエンチャントメントと引き寄せの法則の違いは、引き寄せの法則ではトランスや魔術意識を使用しないことである。また常にいちいち何かの望みを熱望したりしないことである。これは混沌魔術すべてに言えることだ。

仮にあなたが理想の恋人を得たいという欲望を引き寄せの法則で実現しようとするなら、常にイメージトレーニングをしなくてもよい。

混沌魔術は1回のイメージを魔術意識やトランス状態の中で潜在意識に送り込む。アストラルのエンチャントメントでは、トランスや魔術意識を活用する分、実現する可能性が高くなるだろう。

ペットロスの乗り越え方

多くの人が悩むペットロスについて、アストラルのエンチャントメントで解決してみよう。これはアストラルのエンチャントメントというよりアストラルの喚起魔術となるが、ペットロスを癒したい、その苦しみ・悲しみを緩和したいという意図で行えば、エンチャントメントとなるだろう。

あなたが生前かわいがっていたペットが不幸にも死んだ場合、あなたは悲しみのトランスの中にいる。そのときに先立ったペットを強くイメージしてみよう。このとき、あなたの潜在意識の中で、あなたの作り出したペットの姿は自律するだろう。

普段目に見えないが、あなたが失ったペットはアストラルの存在となり、常にあなたのそばにいるだろう。ときには気配すら感じ取れるかもしれない。

もしあなたが明晰夢を見られるなら、ペットの名前を呼べばペットは元気よく登場するだろう。明晰夢とは、夢を見ているときに「自分は今夢を見ている」と自覚しながら見る夢のことだ。「これは夢だ」と自覚しながら、その夢の中で、ペットの名前を呼んでみよう。

これはペットの魂を束縛することにはならない。あなたが永眠するとき、ペットもともに永眠するだろう。

「虹の橋」思想も残酷な話である。虹の橋とはペットたちは死んだ後、虹の橋のふもとに集まって楽しく暮らしている、という考え方である。しかしもし転生を信じるのであれば、あなたが必ず来世も人間であるとは限らない。

キリスト教では最後の審判の後に墓場から復活し、善い行いをした人間だけが天国に住まうと考える。そこにペットという概念は存在しない。

そもそもキリスト教では転生を認めていない。虹の橋思想で死んだペットを待たせておくより、次のように考えた方がペットを失って悲しむ気持ちが和らぐだろう。

つまり、あなたの人生の役目が終わるだろうそのときまで、亡くなったペットはあなたに寄り添っていて、あなたの魂が解放されるとき、ペットも解放されると考えた方がよい。そうすれば、あなたの潜在意識の中に、死んだペットは存在できるのだから。

ただ一つ注意点がある。あなたの潜在意識の中で自律しているペットはときにあなたに遊んでほしいと思い、あなたが電車に乗っているときでもあなたに何かしらのサインを送ってくるだろう。

例えば気配としてである。あなたに霊感めいたものがあるなら、ペットの姿が見えることがあるだろう。このときはしつけをまたやり直す必要がある。

こういった予期せぬときにペットが出現するのをやめさせるために、あなたは何かしらの言葉、例えば「おいで～○○ちゃん」等を呪文化し、この呪文を唱えたときにしか出現しないようにするとよい。

例えば、○○ちゃんはAちゃんとしよう。呪文の作り方としてはまず、アルファベットで必要な呼びかけの言葉を書けばよい。そうすると、

OIDE-A-CHAN

となる。2回以上使われる文字を消すと、OIDEACHNとなる。この残った文字を呪文風に並び替えればよい。すべての文字を使用するかしないかも、個々人が決めてよい。CO-CHAN-IEとしてもよいし、呪文風にするのであればすでにあるおまじないの呪文をベースにして、IO-IO-ADECEN-IO-IO-ADECEN等、唱えやすいよう好きなように並び替えればよい。

これらの呪文をどう発音するかも自由に決定してよい。例えばOIDEACHNであれば、「オイデエシフン」と読んでもよいし、「オイデアチャイン」等と読んでもよい。CO-CHAN-IEであれば、「シオーシーハンーエー」「コーチャンアイエー」「コーシーハニエー」などと読めるかもしれない。

要はリズムと音階をつけて唱え続けるのに、都合のよい唱え方をしてよいということだ。

母音を足して、例えば、IaO-DEACaHAN（小文字の母音は読者がわかりやすくなるように書き足した）等々としてもよい。組み合わせは自分で決めてよい。

同じくアストラルに戻ってほしいときは「アストラルに帰って〜〇〇ちゃん」等を同様

の方法で呪文化し、意図してアストラルで待機させるのがよいだろう。

「タルパ」「イマジナリーフレンド」はお勧めしない

「タルパ」や「イマジナリーフレンド」のような存在を作ることはお勧めしない。

タルパとは、現実世界に「実体化」させることを目的として作り上げられる、空想上の人物である。イマジナリーフレンドも同様の存在と思ってよい。これは喚起魔術の形態である。

これらは完全にアストラルの生き物であり、これらの意見に耳を傾け、言われた通りに生活し行動するのは危険である。イマジナリーフレンドやタルパがある日、「夜中の1時に公園の公衆電話に私が電話するから出てきて」等の言葉を言い、あなたが信じて実行しても公園の公衆電話は鳴らないだろう。

欧米ではタルパニストという一派が存在する。タルパを重視し、人間関係を形成しないか、あるいは極端な人間関係を結んだりするのだ。

タルパの支持者は若者に多く、恋愛も結婚もタルパとすればいいなどと述べている。しかし、これは健全ではないと私は思う。

ペットと会話ができるということに関しては、それがあなたの潜在意識の働きなので、やめろとは言わないが、ペットの言いなりになることはしてはならない。

エンチャントメントでダイエットする

混沌魔術のすばらしい点の一つは、従来の魔術の視覚化依存から離れ、選択肢を増やし、潜在意識にアクセスすることで、望んだシンクロニシティを引き起こすことができることである。

あなたは幸福になり、夢をかなえるために、混沌魔術の技法を使い、シンクロニシティを引き起こせばよい。あるいは霊的存在を呼び出して使役することで、夢をかなえてもよい。

この二つの技術を使えば、あなたの意識や考え方を変化させることができる。ここでは一つの例として、ダイエットを成功させる方法を紹介しよう。

もちろん運動をするだけでなく食事を管理することも必要だと知っている方も多いと思

う。しかしうまくいっていないのであれば、意識や考え方を変化させ、混沌魔術を使えば難なくダイエットを成功させることができるだろう。お酒とタバコの依存症であってもやめることができる。

混沌の魔術結社「イルミネーション・オブ・サナテエロス」(IOT)に所属していた時代、自分の指導者から恐ろしい話を聞いたことがある。ある団員はダイエットのために魔術書『ゴーシュア(GOETIA)』に出ている悪霊を呼び出し命令した。それから2週間後、その団員は交通事故に遭い、右足のほとんどを失った結果、大幅な減量になったという。

これは魔術には善も悪もなく、ただ単純に体重を減らすという力が働いただけという例だろう。

もう一つ。エンチャントメントだけでやせようと思うなら、結果として大幅な減量はできたとしても、不幸なことが起きる可能性も否定できない。魔術の力に善悪はなく、善悪は人間の判断によって生じるからである。

まず、あなたを太らせているものは何かを考えてみよう。ノートやデバイスに思いついたことを記録して、後で見直せるようにしておくとよい。このノートに書かれる太る原因は、簡単にいえば「悪魔」である。文字通りの悪魔だ。

ダイエットに関しては、まずあなたに憑依している悪魔を明確化しなければならない。例えば毎日食べるスイーツ、運動不足だと知りつつも忙しいことを理由に何一つダイエットに役立つ行動をしていないこと、太りやすい体質だからという言い訳、ジムに入会したから15分だけルームウォーキングをするなど。

自分の精神を検視・解剖するくらいの注意力と熟考をもって、あなたのダイエットを邪魔する、あなた自身ではどうしようもできない事柄（それを悪魔という）をリストアップしていこう。

甘いものが食べたくなる時間、甘いものを買ってしまう場所、炭水化物とビールやワインはいつ摂っているかなど、時間や場所などの記録を取り、あなたが太る原因を特定しよう。

それらの原因はすべて**あなたを太らせている悪魔**である。あなたはこの原因すべてをシジルにする。

ここでは例題として、太りやすい年代に差し掛かった人が、週3回スイーツを食べ、かつ1日2食以上食べているとする。ジムに週3回、1回30分通っているが、体重が78kgからまったく減らないという。

まず、太る原因は週3回のスイーツだと理解し、スイーツを断つために、**「私の意図はスイーツという悪魔を破壊しダイエットすることだ」**というシジルを作ろう。それから、**「私の意図は運動不足を追放することだ」**というシジルも作ってしまおう。

「好きな服が着られない」「太っているのはわかっているが時間がないので何もできない」「楽してやせたい」等々。自分の精神に対してストイックになり、太っている原因をすべて追放すべき悪魔として、シジルを書いてみればよい。

つまり、

A　コンビニのスイーツを食べている
B　運動したくない
C　ダイエットしているがついたくさん食べてしまう
D　年齢だから仕方ない

この4つがあなたを太らせている悪魔になる。

年齢についてはあなたの意志の弱さを示す言い訳でしかない。「何々だから仕方がない」という言い訳自体、あなたの悪魔なのだから、自分自身で対決すべきである。この4つが

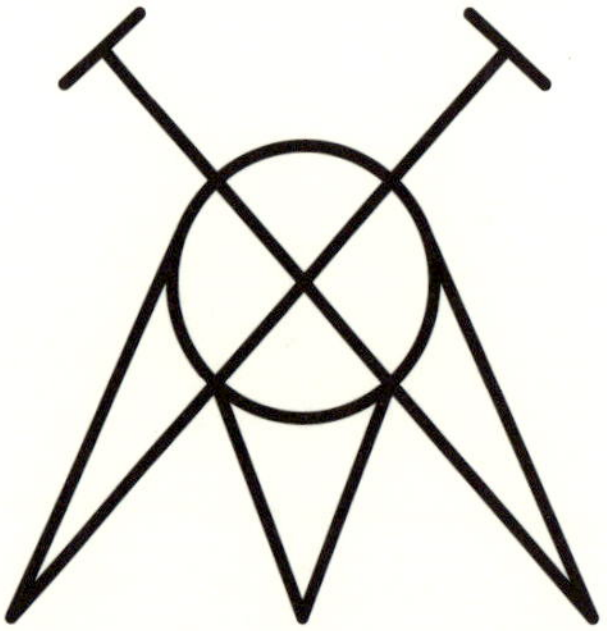

「私の意図は運動不足を追放することだ」のシジル

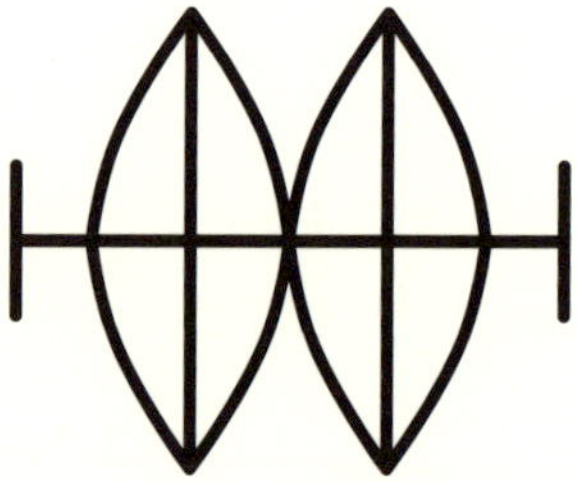

「私の意図はスイーツという悪魔を破壊しダイエットすることだ」のシジル

「運動したくない」のシジル

「コンビニのスイーツを食べている」のシジル

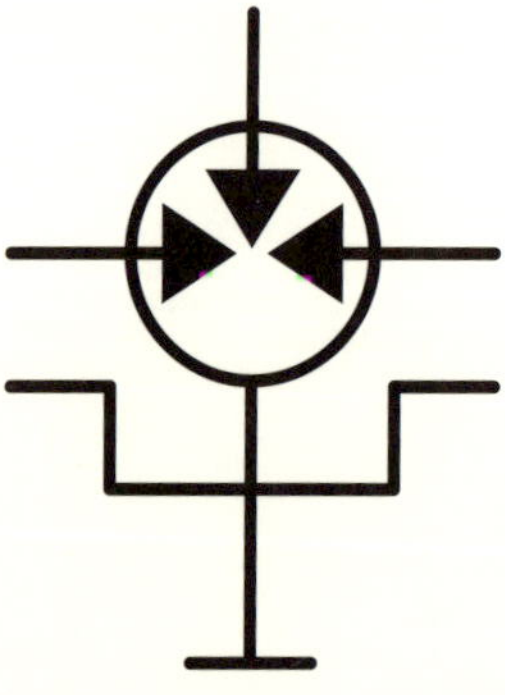

「年齢だから仕方ない」のシジル

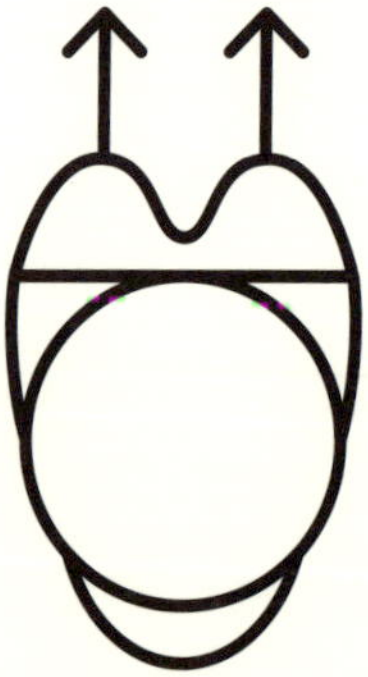

「ダイエットしているがついたくさん食べてしまう」のシジル

あなたのダイエットを邪魔する悪魔である。

追放すべき悪魔のシジルや、肥満を憎むシジルが書けたら、そのシジルを使用すればよい。あなた自身の悪魔との対決になるので、普段より時間をかけて魔術を行おう。目安として20分もあれば十分である。

魔術意識になった瞬間に、印形（シジル）を強くイメージする。そして強くイメージした印形に杖を向ければよい。あるいは魔術意識になった瞬間に印形を書いた紙に杖が触れればよい。

シジルは紙などに書いてもよいし、記憶しておいてもよい。**記憶しておいて使うときに思い出せればアストラルのシジルであり、アストラルの魔術となる。**このやり方の利点は物質的な要素を魔術に持ち込まずに済むということである。

一生困らないための混沌魔術

都市伝説のように、初めてのシジル・マジックは即効でうまくいったという話や、初めてのシジル・マジックで無料でベンツとビルを譲り受けたなどの話を聞く。混沌魔術は初めての効果がすごいと思っている人に言いたいのは、私たちが住む銀河系は混沌としており、そのときは混沌がたまたま微笑んでくれたにすぎない、ということだ。

人生とは何かを達観している読者なら、次の3つのものさえ得られればいいと思うかもしれない。

1　一生困らないお金
2　健康
3　人生のよきパートナー

たった3つで満足する人生を送れることになる。潜在意識のパワーを利用して、これらを得ようとする本はたくさんあるが、そのわりに、満足いく人生を送っている人が少ないのはなぜか？　思うままにシンクロニシティを起こせるのではないのか？

魔術体系で使用される潜在意識の流れや質はどうであれ（そもそも流れや質をどのように計測するのか？）、魔術はこの世界で常に機能しているわけではない。

しかし、ときに思いもよらぬところから魔術は効果を発揮したりもする。そのノウハウをわかりやすく解説していこう。

あなたの人生をできるだけ豊かにし、夢を実現させることはとても重要である。見えもしないカルマにおびえる必要はない。

カルマとは「業」と訳されるが、行為の結果として蓄積される宿命のことである。本当にカルマというものがあり、それが過去の生命や現在の生命、そして来世に影響を与えるのであれば、多くの人は来世では人間以下の生命になってしまうだろう。

地球環境を破壊し、その恩恵を得て我々は生きているからだ。知らず知らずのうちに誰かを傷つけ、ののしり憎んでしまう。

現代魔術師や混沌魔術師が考えるカルマとは、その生命の生きてきた記録と経験である。そこに善悪が生じると考えるのは、宗教やスピリチュアルに傾倒したオカルティストだけだろう。

カルマとは仏典に示された言葉であり、キリスト教、ユダヤ教、イスラム教にカルマという概念はない。西洋魔術においても本来カルマという思想はない。

混沌魔術に頼らず、大きな夢をかなえた人や、幸福な人生を過ごしている人は、この世界に1億人以上は存在する。その人たちは生まれたときから何もかもを手にしようとしたわけではない。自我が成長し、「社会や世界とは何か」を知ったときに初めて大きな夢の実現に向けて行動し始めるのだ。

多くの成功者に共通する特徴は、「嫌なことだとわかっていても、逃げずに対処していること」である。偶然に偶然が重なり、よいことが起きたという人もいるだろう。

呪文を使って亡くなった人と再会する

あなたが来世はあると信じていたり、転生を信じているなら、来世でなりたいものになれるよう、混沌魔術でエンチャントメントすることができるだろう。この死後の魔術では、混沌の黒いパワーを使うべきと考える人もいるかもしれない。

ここで、49ページで紹介した「万物対応理論」が活用できる。黒いパワーと紫のパワーをコンビネーションしてエンチャントメントに使用したり、万物対応理論のキーワードから連想されるものを活用して、シジルを書いてもよい。

亡くなった人とコンタクトを取りたいのであれば、黒いパワーに対して、あなたなりの考え方と対応の仕方を多く用意しておいた方がいいだろう。ここでは黒い三角の上に死者を呼び出し、コンタクトする方法を書く。
まず、黒いパワーに関してよく吟味したうえで、あなたの意図を書く。それは、
「私の意図は死んだ〇〇との会話だ」
「私の意図は死んだ〇〇を呼び出すことだ」
「私の意図は死んだ友〇〇を物質化して呼び出すことだ」
かもしれない。
これらの意図から呪文を作ればよい。言葉を短くして、
WATASHI-NO-ITOHA-SHINDA-TOMO-〇〇-WO-YOBUKOTO（ワタシノイトハシンダトモ〇〇ヲヨブコト）
とする。2度以上使われた文字を消すと、WATSHINODMYBUKとなる。次に順番を組み替え、呪文化したものが、
DOM AT SHINM-YBUK
である。ちなみになぜ3つに区切ったかというと、黒のパワーの数字は3が対応しているからだ。
こうした工夫が潜在意識をより迅速に働かせるかもしれない。少なくともマイナスに効

果が働くことはないだろう。

ここで黒い三角形を用意しよう。正三角形一辺の長さはあなたの環境によって決めてよい。デスクでやるのであればマウスパッドの大きさでよい。

この死者とのコンタクトの間、スマホの音やインターフォンの音にも邪魔されない環境があり、広い土地が使えるとしても、大きさは1mもあれば十分だろう。

あなたは先ほど作った呪文を唱え、その三角形を見つめ続ける。ここでは疲労によるトランスを使うことになるだろう。

呪文を永遠に唱え続けるという長時間の魔術で、もしかしたら3日間不眠不休で唱え続けるかもしれない。やがて魔術意識に到達したとき、あなたは**三角形の中にあなたが望んだ死者を見て語ることができる**だろう。

死者と会うための呪物の作り方

最も大切な人があなたより先に旅立った場合、あなたは死者をリアル世界に縛りつけることができる。もちろん死者は苦しみや痛みを感じない。

そしてあなたはこう意図する。

「私の意図は私が死ぬとき××の魂と同化し天国に行くことだ！」

断っておきたいのは、カルマというものはないということだ。もしカルマがあるとすれば、カルマを信じている人にはカルマは存在するということだ。

混沌魔術ではカルマの汚れは生じない。そもそも魂に、色も形も数も性別もないからだ。善悪が生じさせるのは人間の感情と意識だ。

死者と会うための呪物を作ってもよい。あなたの大切な人の魂を縛り付ける物体は丈夫なものがいいだろう。南海トラフ地震が起きても残るような素材で作られるべきだろう。

その形は黒のパワーに対応した三角形で、「万物対応理論」のキーワードから連想した素材で作るとよい。ここでは伝統的な対応物である鉛を使おう。

鉛に呪文やシジルを刻もう。そして、魔術意識になった瞬間、三角形の鉛を自分の眼で吸い込むような意気込みで見つめる。

そして呪物はあなたによって毎日崇拝される。その崇拝方法は何でもよい。ただし、あなただけの秘密にすべきだ。それをまわりに知らせることは間違っている。

やがて呪物は死者として働き始め、あなたが近くにいるとき、あなたの潜在意識の力を使ってあなたに話しかけてくるだろう。最初は魔術意識ではなく、トランスで行ってもよい。

最愛の人にもう一度会いたいというのは、人生最大の願望かもしれない。最もシンプルな方法論として、アストラルのシジルによるエンチャントメントをお勧めしたい。まずはアストラル界であなたに会いたい人に会ってみよう。

「私の意図は夢の中で××を呼び出して平和的な会話をすることだ」

なぜ平和的という言葉を入れたかというと、もしかしたら転生した魂を呼び出すことになるかもしれないからだ。転生した魂はどんな状況にあるかわからない。そこで、どんな状況にあっても、再会するときは平和的な状況で会いたいとあらかじめ願望しておくわけだ。

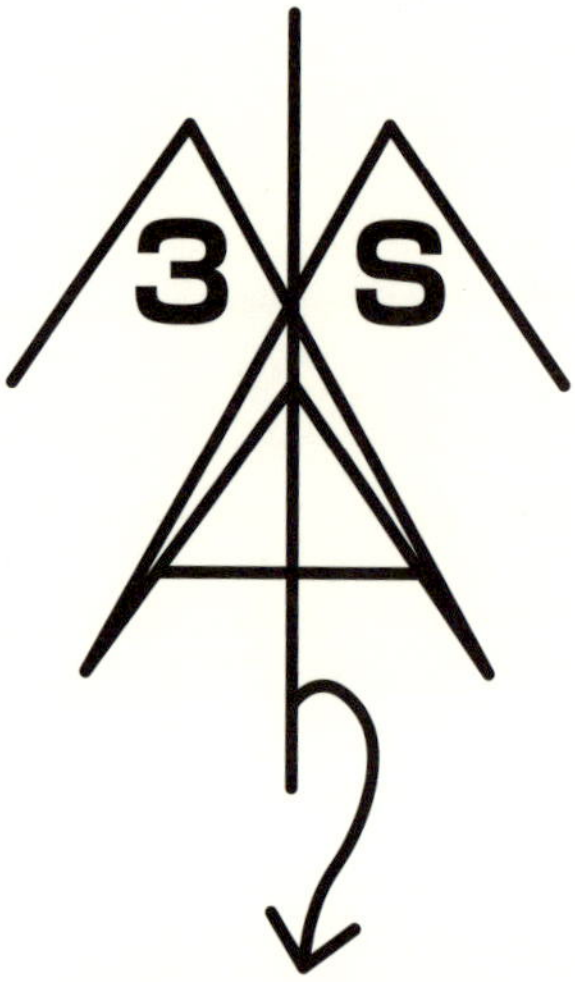

死者と会うためのシジル

先ほどの呪文のシンプルなシジルを作り、連休を取って、不眠によるトランスを利用しよう。寝ずにいようと思っても、やがてあなたに睡魔が訪れるだろう。

ウトウトした瞬間、シジルを心の中で思い出すとよい。こうすれば、夢の中であなたの望んだ人と平和的な会話をすることができるだろう。

死者と会話しているうちに、死霊が現れて悩まされることがあるかもしれない。そのときの対策も示しておこう。

もし死霊に悩まされるなら、黒いパワーのキーワードからあなただけのトラブルシューティングを作ることができるだろう。黒から連想して鉄が思い浮かぶなら、死霊を追い払うために、家じゅうに鉄製の釘を撒けばよい。

これは、呪術のエンチャントメントになるが、完全に力を籠めたいなら、死の姿勢（20ページ参照）をとり、魔術意識になった瞬間に、釘を眼から吸うような感じで見ればよい。そして魔術意識が解けたら、その釘を撒けば、死者はたちまち退散するだろう。

ここで言いたいのは、霊能者や占い師にたくさんお金を払って除霊してもらうのであれば、自分でやった方がよいということだ。簡単にできるし、そのお金を別のことに使えるだろう。

コンビネーションマジック

これは8つのパワーを組み合わせて、エンチャントメントする方法だ。自分の性格をリセットし、生まれ変わりたいのであれば、まずは修行をし、その後に、紫のパワーと黒きパワーのリバースのパワーを組み合わせればよい。

恋愛経験ゼロという人は、まずは他人の気持ちになって考えられるよう、金星と月のコンビネーションのパワーで好きなエンチャントメントをすればよい。世界の混沌魔術師は、組み合わせで儀式をしたり、エンチャントメントをしている人が多い。

絶対的な正解というものはないので、「万物対応理論」（49ページ）を参照し、あなたが思うがままに、コンビネーションのエンチャントメントを試してほしい。万物対応理論のキーワードを読み、あなたが連想したほとんどはそのパワーに対応している。

もし占星術の惑星や角度の意味を知っている人であれば、万物対応理論のキーワードを見て、惑星や角度の組み合わせ方やとらえ方を変えてもよい。どのコンビネーションにするかや、どの神を選ぶのがよいかはあなたの自由である。

例えばあなたの交際相手は既婚者だが、別れると言いながら別れてくれない場合もあるだろう。その場合は、紫のパワー＋緑のパワー＋オレンジのパワーを使うと、もしかしたら、交際相手の浮気がばれて、交際相手は妻と別居することになるかもしれない。シジルをこの3色を使って表現したり、様々なエンチャントメントをするときにこのカラーを使ってもよい。イザナミのミサ（141ページ参照）で儀式スタイルで魔術を行う際、この3つの色やキーワードから連想できることを儀式に積極的に取り入れよう。

相手方の弁護士からあなたに慰謝料の請求が来るかもしれないが、あなたは相手と確実に結ばれるだろう。

事業に関しては、その事業が生活を支えているのであれば、オレンジのパワー＋ゴールド（金）のパワー＋青いパワーを使うとよいだろう。

ではどうやって、パワーを使えばよいか。方法はとても簡単である。

例えば、お金を稼ぎたかったり、就職活動で有利になりたいなど競争相手がいる（火星のキーワード）のであれば、赤いパワーとビジネス（水星のキーワード）の色彩をそのまま使えばよい。この場合は赤とオレンジでシジルを書くとよい。

あなたがその効果を信じているのであれば、赤とオレンジのパワーストーンをトランスの中で握りしめておくとよい。それだけであなたは有利になる。

パワーストーンはインターネットで検索してショップを選べばよいだろう。魔術師の道を歩み始めたあなたは、普通の石を妖術で呪物化し、シャーマニック・エンチャントメント（シャーマン魔術）で使用することもできる。呪術により、このような力の供給源になるだろう石を事前に確保するのもよい方法だ。

河原や海や山で石を見つけたり、大きな公園で石を拾ったら、呪術のテクニックで、石を呪物とし、シャーマニック・エンチャントメントのときに使えばよい。

方法はいろいろあるが、必要なのは「集中×魔術意識」である。つまり、魔術意識になり、集中して取り組むことである。

これら8つのパワーを考えたのは1980年代のピーター・キャロルである。私たちは自己責任で、キーワードから連想したあらゆるものを好きなだけ対応させることができる。

過去を変え、現在を変える「さかのぼるエンチャントメント」

「さかのぼるエンチャントメント」とは、過去にさかのぼって現在を変えるというSFのようなテクニックである。私はピーター・キャロルにこのエンチャントメントについて「とても難しい」と書いたが、キャロルは、「政治や量子力学の世界ではよく起こることだ」と回答してくれた（なお、ピーター・キャロルは量子力学の学位を持ち、一時インドとチベットの中間で量子力学の授業を行っていた）。

「さかのぼるエンチャントメント」に関連して、参考までにアメリカでの大麻の規制緩和について述べておく。

ジョー・バイデン大統領はマリファナの単純所持により連邦法違反で有罪判決を受けたすべての米国人に恩赦を与えると述べた。対象は推定で約６５００人となった。また２０１８年以降、米国の州裁判所は推定２３０万件の大麻関連の犯罪記録を抹消・封印している（２０２４年10月現在）。

現在、米国では24州とワシントンＤＣが大麻関連の有罪判決の抹消・封印・取り消しなどについて法制化している。カリフォルニア州、コネチカット州、イリノイ州、ミズーリ州、ニュージャージー州などでは、裁判所が自動的に過去の大麻犯罪記録を抹消している。アリゾナ州やマサチューセッツ州などでは、大麻関連の前科者は裁判所に犯罪記録の見直しや抹消を申請することが可能となっている。

あなたが冷静に自分を見つめ直した結果、自分に問題点があったり、変えたいところがあるとしよう。原因はあなたの過去であったことがわかったとする。その場合、あなたは過去を変えることで、現在と未来を変えることができる。

あなたが肺がんだとして、その原因の一つが喫煙だろうとわかったとしよう。喫煙を始めた年代までさかのぼり喫煙をしないというエンチャントメントを行ったらどうなるか。それでもがんは治らないだろうか。いや、そのときにがんの治療を始めれば根治するかもしれない。

今の結婚が失敗だったと理解し、伴侶と会わないように過去を変えたら、伴侶から離婚を言い渡されないか。そうなるかもしれないし、あなたが離婚を言い出すかのどちらかだろう。

さかのぼるエンチャントメントは、今も開発途上の段階であるが、「あなたの過去の選

「さかのぼるエンチャントメント」のシジル

択が現在に影響している」と心から理解できれば、過去の選択を変更するエンチャントメントを行うことで、現在の状況が変わる。

あなたの体重が70kgあって、メタボリックシンドロームであったとしよう。その原因を瞑想して考えたとき、コンビニのスイーツや菓子パンを食べ、消費カロリーより摂取カロリーが多いからだと気づいたとする。

その場合、あなたはコンビニのスイーツや菓子パンを好きになった過去に向けて、「私の意図はスイーツを嫌いになり、やせることだ！」等のシジルを作り、魔術意識の中でエンチャントメントすればよい。

ただ、エンチャントメントをした後も、定期的な運動はした方が健康にはよいだろう。だから、エンチャントメントをすると同時に体を動かすことを強くお勧めする。

私が多く相談を受けるのが復縁についてである。これもさかのぼるエンチャントメントで変更することができるだろう。

あなたが別れた理由があなたの過去の選択にあるなら、相手に誠実ではなかった等の原因を変更することで、復縁が可能になるだろう。しかし復縁を望む相手がすでに結婚していたり、交際相手がいる場合は、ややこしいことになる。

自分の過去だけではなく、現在の交際相手や伴侶と別れるエンチャントメントを併用した方が、復縁できる可能性が高くなるだろう。

私が受ける恋愛相談で最も多いのは、三角関係であった。特に女性からの相談が多かった。

多くの相談者に共通しているのは、交際相手がいる異性を好きになるか、交際相手が浮気をし、自分より浮気相手が大事にされているという悩み相談であった。

多くの女性は、肉体関係を持っており、それを唯一のつながりのように感じ、安心感に似たものにすがりついている。略奪できるのであれば、相手が離婚したり、交際相手と別れて、自分を選んでくれることを望んでいる。

客観的に見ると、多くの女性は男性側からすればセフレでしかないようであった。もし本当に三角関係をやめられるのであれば、相手は離婚するか、すみやかに別れるだろう。

しかし、相手側がそのように行動すると思える例はなかった。

その場合、あなたは過去に向けてシジルを作り、魔術意識の中でエンチャントメントすればよい。

呪文を作ろう

ピーター・キャロルや知り合いのケイオシスト（混沌魔術師）と、日本語で呪文を作ってもよいかという議論をしたことがある。結局、「意図こそが重要であって、何語の文字を使ってもかまわない。日本の魔術師はできたら日本語を利用すべきだが、アルファベットでも問題ない。大事なのは意図である」という結論になった。

欧米のケイオシストはもちろん普段からアルファベット（ラテン文字）を使用している。しかし潜在意識や無意識を動かせるのであれば、「意図＋日本語」を私はお勧めする。『1日30分であなたも現代の魔術師になれる！』出版後に出演した番組や動画では、アルファベットを使用して説明している。

日本語でシジルを作った人は多く存在したが、2回以上使用される文字を減らしても、どうしても〔私〕〔わたし〕〔ワタシ〕が残ってしまう。そこで今回はアルファベット（ローマ字）でのシジルの作り方や注意点を説明する。

シジルはあなたの潜在意識に作用し、あなたとの無意識でのコンタクトをするのに有効である。なお、ネットには誤った情報が出ているので、本書を参考にしてほしい。

1970年代にピーター・キャロルが

1. 願望を英語で書き、シンメトリーの文字（2度出てくる文字）を消す
2. イラストから製作する
3. スペルキャスト（呪文）を作る

というシジルの作り方を紹介した。本書では、ピーター・キャロルが開発した3つの方法を『1日30分であなたも現代の魔術師になれる！』の説明とかぶらないようにしながら説明していく。

19世紀の魔術師オースティン・オスマン・スペアは悪人から身を守る方法を著書で述べている。悪人の定義を「自分のことを利用して、自分の持つ何かを奪う人間」とするなら、どんな動物があなたのそばにいたら、悪人から身を守れるだろうかと考えるとよい。

オースティン・オスマン・スペアの作品には蛇が書かれている。おそらく悪人が来た

ら、蛇が咬むなり威嚇したりして、悪人を遠ざけてくれるということだろう。
そこでここでも、シジルの意図を表す例文は「私の意図は悪人から防御されること」とする。まず、これをアルファベットで書くと、

WATASHINO-ITOHA-AKUNINKARA-BOUGYOSARERUKOTO

となる。2度以上出てくる文字を消すと、

WATSHINO-KUR-BGYE

となる。

ここで注意点を一つ。自分の願望をかなえるためにシジルを何度も作っていると、どれも同じような文字になってしまうことがある。しかし問題ないので、気にせずデザインしてほしい。

また、男性にとって、金や女性はなかなか思い通りにはならないので、シジルを分割して製作し、使用することを勧めている。まずこの分割製作について説明したい。

WATASHINO-ITOHAやWATASHINO-NEGAIHAは何回も使用することになる。頻繁に使う定型文だけをシジル化して、自分だけのシンボルを作り、作業することは、潜在意識や無意識にプラスの働きをするだろう。

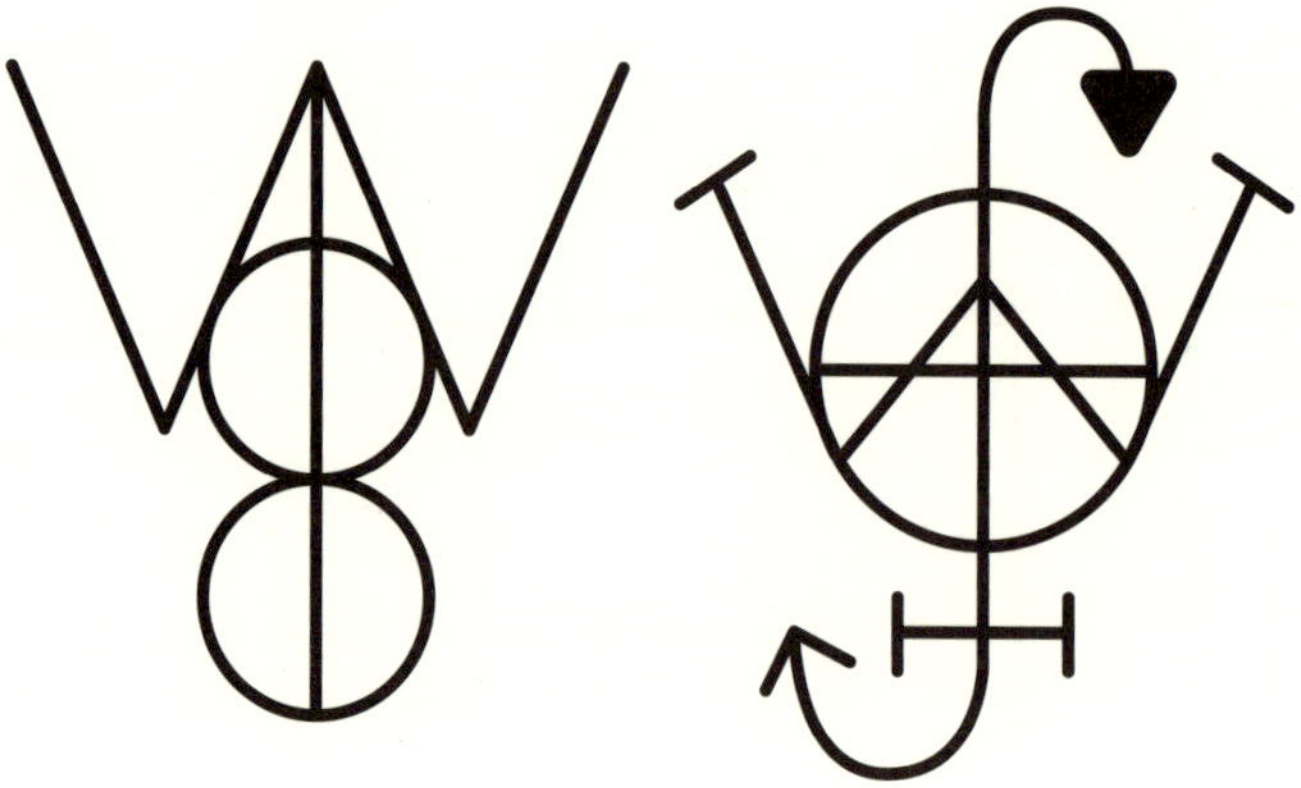

WATSHINOのシジル

まず初めに作るのはWATSHINOであり、製作すると上のようになった。次にKURとBGYEを個別に製作した。

こうして3つのシジルが完成した。願望をしっかりメモしておくノートやアプリ等も用意しておく。そして魔術意識になり、シジルを活性化すること。これだけである。

WATSHINOという単語はシジルを作るとき必ず使われる単語である。他にもITOHAや、人によってはGANBOUHA、YOKUBOUHA、ONEGAIHA等々、WATSHINOに続く単語も決まっている。

なお、あなたの意図や願望、欲望やお願い等々は、あなたが自分で使用したい単語を使用すればよい。大事なのは「意図や目的」であり、定型文にどれを使うかは個人の選択範囲である。「絶対これでなければダメ」ということではない。

「私の意図は」「私の欲望は」等々の願望の定型文を先に製作しておき、後で目的部分（「～である」）を製作し、目的部分のみ差し替えて何度も使用してもよい。

定型文のシジルを反復して使うことで、あなただけの象徴体系やシンボルを作り出すことになる。繰り返し使うことで、無意識はそのシジルをシンボルとして考えるようになるだろう。

さて、「私の意図は悪人から防御されること」に戻ると、

WATASHINO-ITOHA-AKUNINKARA-BOUGYOSARERUKOTO

から2度以上出てくる文字を消すと、

WATSHINO-KUR-BGYE

となる。これを呪文のように唱えればよい。

唱え方は各自が決めればよい（例えばワッシノ・クル・ブグイエと唱えてもいい）。これらすべての文字を使用するかしないかも、個々人が決めてよい。どうやっても効果は変わらない。

作った呪文は唱え続けることに意味があるが、唱え続けたからといって、必ずしもトランスになったり、魔術意識になるわけではない。何時間も費やしたくない方は、冷水シャワーを浴びた瞬間に、呪文を思い出すという方法もある。

事前にたくさんの呪文をストックしておくことが望ましい。通勤時間で呪文を作り、携帯にストックしておくことや、スペルブック（呪文を書いたノート）を作っておいてもよい。

スペルブックをいつも持ち歩き、その中から呪文を一つ選び、**冷水シャワーを頭から浴び、冷たさで身体と意識がビックリした瞬間、呪文を唱えるだけ**でよい。

なお、この冷水を使った方法はピーター・キャロルからの「冷たい水に飛び込むときにシジルを活性化するとよい」というアドバイスをアレンジしたものである。

冷水シャワーを浴びるのも面倒くさいという方は、日々の生活の中で感情がピークのときに、呪文を思い出すだけでも呪文は活性化できるだろう（仕事でミスをして、**上司に呼び出されて何か言われるときの緊張状態**などを利用してもよい）。

皆さんも経験があると思うが、トイレを我慢し続け、ようやく**トイレに行き用を足せた瞬間**に、トランスになることもある。その瞬間に呪文を思い出すことでも、活性化は可能である。ただし身体に悪いのでわざとトイレを我慢してまで行う必要はない。

「悪人から防御される」シジルの作り方

イラストから作るシジルは、写真から作り出すこともできる。ただ写真をどれくらい簡素に書き表せるかが問題となる。通常は自分でイラストを描いてシジルにするのが望ましい。

例えば、「私の意図は悪人から防御されること」からいくつでもシジルを作ることができるだろう。

あなたに絵心があれば、「悪人から防御される」というイメージの絵を描き、それをシジルにしてもよい。最近はＡＩでイラストを自動生成してくれるアプリも登場している。これを利用してもいいだろう。

ＡＩに「悪人から防御される」の絵を指示して描いてもらい、そこからシジルを作ってもよい。あなたが満足できるまでＡＩに何枚も描いてもらい、気に入ったものを使用すればよいだろう。ＡＩから生成された素材を使って、必ず自分の思考でシジルを作ることが

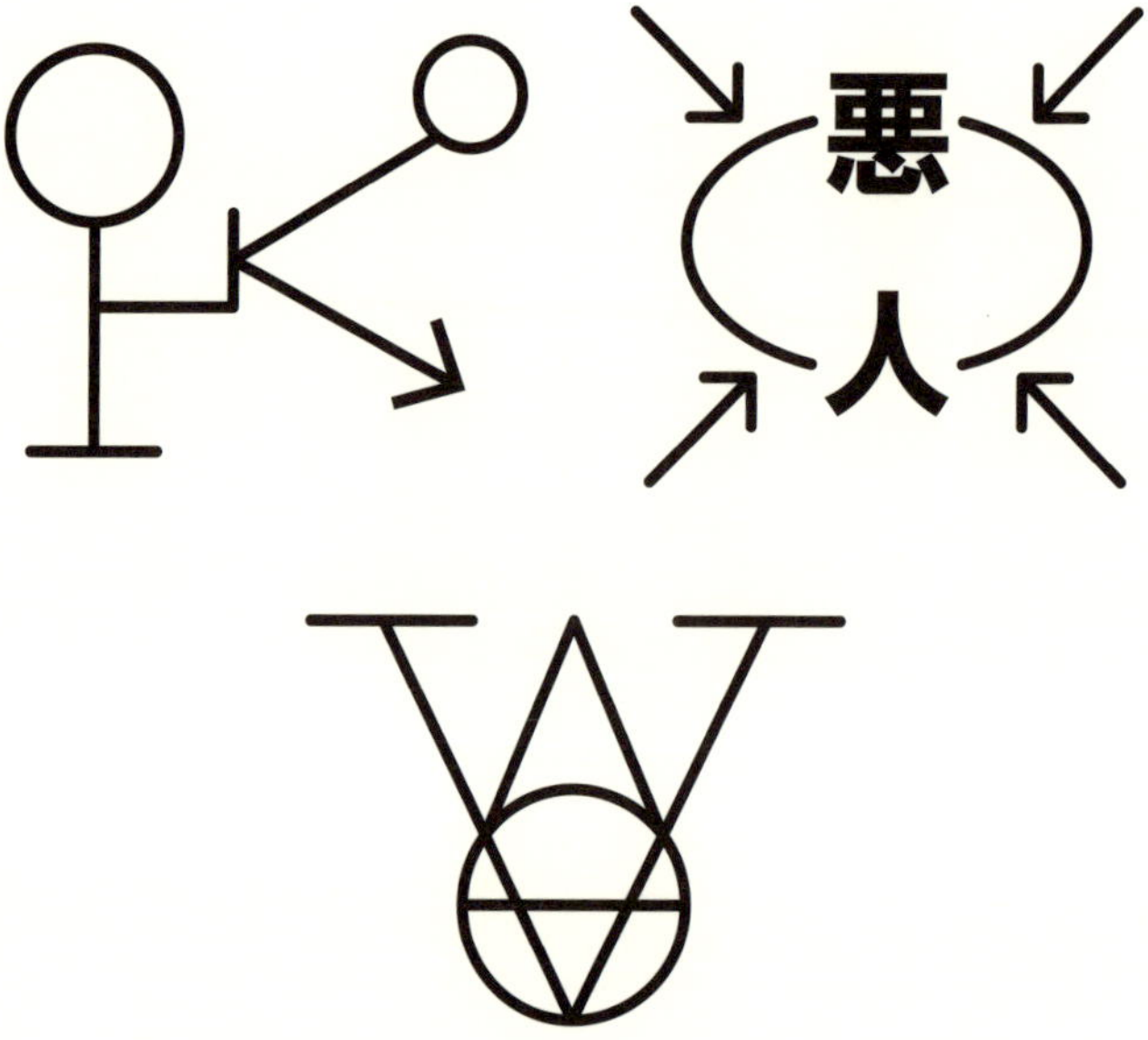

「私の意図は悪人から防御されることだ」のシジル

重要だ。

　また普遍的な願望や誰もが思いつく願望についてはかなえにくいと、オースティン・オスマン・スペア（19世紀の魔術師）も述べている。

「お金がほしい」「憎い相手をどうにかしたい」「二股恋愛中だが、相手に自分だけに注目してほしい」等々は、どのテクニックを使っても効果は同じだろう。普遍的な願望は実現が難しいかもしれない。

　また「すぐに」「1か月以内に」等と期限を設けることは最

初のうちはしない方がよいだろう。長い目で見れば、いつのまにかかなっていることの方が多い。

緊迫したシーンで魔術を使う場合、緊迫した緊張感というトランスや魔術意識を有効に使えば、効果があるかもしれない。しかし事前にそのような緊急事態にならないように魔術を行うのはよい心がけだろう。誰もが痛い思いをしたくないだろうから。

シジルの魔術はオースティン・オスマン・スペアが発見し、ピーター・キャロルとレイ・シャーウィン（二人とも混沌の魔術結社「イルミネーション・オブ・サナテエロス」［IOT］の創始者。なおシャーウィンは願望をかなえるためにシジル・マジックを行うことを馬鹿げていると考えていたようだ）が使っていた。また魔術意識になるために、神経質な理論を展開させている。

FraUD（フラターU∴D∴）にはそのような見解はないが、彼もシジルの理論を書いている。そして世界のケイオシスト（魔術実践者）はシンボルの印や個人願望の印を今も作り出している。ただ、そこに本来絶対的な教理は存在しない。

なぜシジルは有効か

なぜシジルの製作を勧めるかというと、まず願望が多様化していることが挙げられる。従来の西洋魔術の実践者が、スマホの最新機種がほしいと思ったら、風や水星の大天使や精霊を呼び出し、助けてもらっていたかもしれない。しかしスマホを財産と考えると、従来の西洋魔術の対応に基づくならば、地の元素や、木星の存在を扱うことになる。

水星なのか、木星なのか、風なのか、地なのか? 「万物対応理論」を見ても悩むだろう。シジルはこうした従来の西洋魔術の対応を考えなくても実践できるテクニックだから便利なのである。

それにあなただけの象徴であるシジルを使うことで、あなたはよりすばらしい体験をしたり、学習の手助けになるだろう。

またケイオシスト(魔術実践者)の多くが、問題や願望はすべてあなた個人に帰結するとする。だから、かなえたいことがあった場合、あなたのオリジナルの事柄が多いのだから、あなたが自分でシジルを作り、活性化すればよい。

欲望のアルファベットを使おう

オースティン・オスマン・スペアの魔術体系でいわれる欲望のアルファベットについても、解説しておこう。欲望のアルファベットはあなただけのシンボル言語を作り、願望のシジルのために、また儀式のために使われる、あなただけの象徴体系を作ることになる。

オースティン・オスマン・スペアは22文字の欲望のアルファベットがあったとした。スペアの次に欲望のアルファベットを紹介したのはピーター・キャロルである。キャロルの場合は22文字ではなく26文字だとした。

私はピーター・キャロルに「欲望のアルファベットはどうやって作ったのか」と聞いたことがある。「瞑想をして作った」という返事だった。

欲望のアルファベットの簡単な作り方は、11×2、すなわち11個のあなたが考えた原理と、それに相反する原理11個の計22個の単語をシジルとして使うだけである。あなたの欲望のアルファベットが56文字であったとしても問題はない。

私の場合、意図／知覚／怒り／愛・性／死等をシジルにして欲望のアルファベットとして使用している。全部で22文字であるが、もしかしたらもっと増えることがあるのかもしれない。

もちろん簡単に、性／死・恐／喜・怒／愛・エゴ／純粋な魔術などでもよい。この8つから欲望のアルファベットを作ることも可能である。

聖守護天使を召喚する

聖守護天使を召喚する方法をできるだけ簡素に説明したい。

まず瞑想して、「聖守護天使とは自分にとって何であるか？」をよく考え抜いたうえで、「私の意図は聖守護天使を召喚すること」というシジルを作る。このシジルは破壊せずに取っておき、魔術意識の中で活性化しておく。

WATASHI NO ITOHA SEISHUGOTENSHI WO YOBUKOTO → WATSHI NO EUGYBK → シジル化

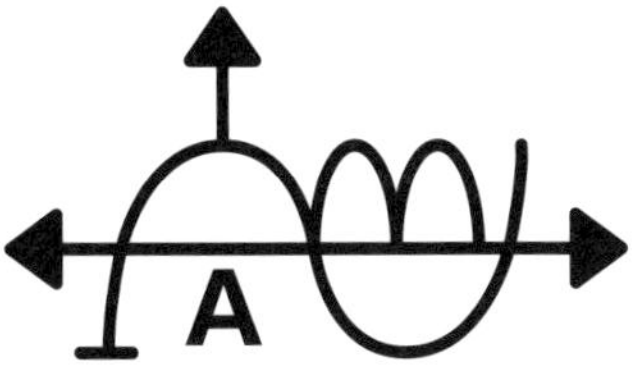

「私の意図は聖守護天使を召喚すること」のシジル

一つ大きな間違いを訂正したい。聖守護天使に会えば人生の生きる意味を知ることができるとアレイスター・クロウリーが述べた。その生きる目的を「真の意志」という。

これはアレイスター・クロウリーの独自の考えであり、彼だけが真の意志について述べている。もしあなたが、聖守護天使を召喚できるとすれば、あなたの人生が幸福になる真の意志を知ったからだと心から信じていれば、それはあなたが思うようになるだろう。

魔術はなぜ常に働かないのか？　それは聖守護天使が見張っているからだ、とレイ・シャーウィン（「イルミネーション・オブ・サナテエロス」「ＩＯＴ」の創始者）は述べた。しかしそれはレイ・シャーウィンの考えであり、ではレイ・シャーウィンが常に魔術を使用できたかといえば、彼は聖守護天使を召喚していないので、できていないだろう。

聖守護天使の召喚はユダヤ教をベースに作られた方法論であり、どんな宗教の人でも実践できると、中世の魔術の本である『アブラメリンの書』に書かれている。

数か月してからトランス意識の中で、「私の意図は聖守護天使を召喚すること」のシジルに集中することで、聖守護天使を召喚できる。ただし、これは混沌のイエローのパワーをあなた自身が望むように形作ったからにすぎない。

自分が本当に生きる道を聖守護天使が教えてくれるし、常に導いて人生を成功につなげてくれる存在だと考えられるなら召喚した方がよい。ただしアレイスター・クロウリーのように、聖守護天使のことを聞かれてもいないのにべらべらと答えるのは間違いである。

本当の自分（セルフ）が聖守護天使だという理論は、ユング心理学が考える「個性化」であり、これはセルフと向き合いセルフと統合することを指す。個性化とはエゴとセルフが出会い、セルフにエゴが取り込まれることをいうが、これはその魔術師がユング心理学をこよなく愛しているから述べているのだろう。あるいは、スピリチュアル系の実践者が聖守護天使の召喚というアイデアを知ったのでそう述べたのかもしれない。

本当の自分がいると信じている方にとって、聖守護天使の召喚は興味深いことになる。なぜなら、あなたの人生をどうやったら何にも困らずに送れるかを聖守護天使が教えてくれるだろうから。

私が考える聖守護天使（私が召喚できた聖守護天使）は、魔術師の理想像そのものであった。しかしケイオシストであれば、聖守護天使と仲よくなるのではなく、オウラノスを召喚すべきである（オウラノスの召喚方法は82ページ参照）。

イザナミのミサをやってみよう

イザナミは日本神話の神（女神）であり、神話の中では日本を産み、神を産み、炎の神の出産時、そのやけどや怪我が原因で逝去した。夫であるイザナギが黄泉《よみ》の国に会いに行くという話が有名だ。

イザナギとの別れ際に、イザナミは1日に1000人を殺すと宣言するが、イザナギはそれなら1日に1500人を出産させると言い返す。

神が人間を殺害するとは……。ここだけを読めば、イザナミを恐ろしい神だと思ってしまう。

2025年に、西洋魔術師として私の書いた原稿が収録された洋書『This Is Chaos』（WEISER）が出版される。その原稿の中で私はピーター・キャロルのアイデアをキーにして、イザナミのミサを作った。ピーター・キャロルからとても興味深い内容だという言葉をいただいた。

イザナミのミサを行う際に使用すべき意識状態は、ある程度の時間のトランスである。魔術意識も使用できる。

もしあなたが異教主義で、様々な神や女神を扱う混沌魔術師ならば、イザナミが混沌の女神である理由がわかるだろうが、これはとても難しい理論である。きちんと書くと長文になるが、ここでは簡単な仕組みだけを解説したい。

召喚魔術は、劇団員、俳優、演劇、コスプレイヤーなどによって日々行われている。劇団員や俳優は、配役を演じ、レイヤーさんもキャラを演じている。古代ではこれが召喚魔術であった。

現にアフリカの呪術師の多くは神や精霊の仮面を作り、服を作り、コスプレをして神を演じている。今でもそうだ。

イザナミのミサは、私たち日本人がどこかで聞いたことのあるイザナミ神を召喚し、憑依されることで、イザナミという万能女神になれる方法である。イザナミに関しては諸説あるが、いかなる願望もかなえてくれるだろう。

ポケットサイズの杖はあった方がよいが、なくてもよい。インセンス（お香）やロウソクが必要だと思えば、それらを使用すればよいだろう。

PRIPSOL OD BLIORA OD FISIS BALZIZRAS IAIDA
OL SONF VARSAG GOHU VENAUNMEDEAM LUSIFTIAN ZIR MOZ TRIAN LULA HE ZIRD
©2024 Archangelus Atratus 79

イザナミのイメージ

イザナミの力で呪物を作れるだろうし、恋愛成就もできるだろう。イザナミの力を込めた印形を使用することで、それらを達成できるだろう。

目的を決めたら、退去儀式GPR（148ページ参照）を行おう。これはあなたの邪魔になるものを遮断し、集中しやすい場所を作るために行うものである。

ピーター・キャロルの初期の儀式では、退去儀式にBlast of Conchと書かれていた。これは巻貝を鳴らすという意味であるが、日本でいう法螺貝《ほらがい》を鳴らすことである（正確には法螺建《ほらりつ》という）。

法螺貝を鳴らせるならそうしよう。自分が考えるお祓いをして、結界を作ってもよい。

そのうえで目的を述べる。例えば、

「私（たち）の意図はイザナミを召喚し〇〇をなすことだ！」

「私の意図はイザナミを召喚し、別れた恋人の復縁の魔術の印にイザナミの力を込めて使用することだ！」

「私の意図はイザナミを召喚し、健康な赤ちゃんを無事に出産することだ」

「私の意図は志望校に合格することだ」

など、あなたの考える欲望を何でもかなえてくれるのがイザナミである。

次に目を閉じて、**自分自身と、あなたがこれまで見た中で一番美しいと思う女性が、燃え上がる炎のドレスと8匹の電気質の蛇とともにいるところをイメージする。そのイメージが自分だと信じて、エノク語を唱えればよい。**

私が混沌の魔術結社「イルミネーション・オブ・サナテエロス」（IOT）に在籍していたときはスチールバイオリンの奏者の不協和音が響く中で、低い唸り声でエノク語を唱えたものである。世界の多くの混沌魔術師は、エノク語の振動に関しては気にしないので、安心して好きな声を出してエノク語を唱えればよい。

できたら暗記することが望ましい。エノク語の左に書かれた日本語は、エノク語の和訳である。

Ol Sonf Varsag Goh
我は汝を統《す》べんといった。
Venaunmedfam Lusifitan
混沌の、輝ける衣装をまとうものよ
Zir Moz Trian Lula He

我は喜び名誉の歌
Zird Pripsol Od Bliora
天の輝きの中にある平和
Od Fisis Balzizras Iaida
至高なる審判を行う
Zazas Zazas Nasatanata Zazas

エノク語を使ったバフォメットのミサをYouTubeのショートに上げてあるので、エノク語の読み方についてはそれを参考にしてほしい。

IOTに在籍していたときもみんな好きなように唱えていた。エノク語の発音にあまりこだわらなくていいので、好きなように唱えてほしい。

続いて、ミレニアムの祝詞《のりと》が唱えられる。

第1の2000年　私は大いなる作り主
第2の2000年　私は新しい命により屠《ほふ》られしもの

第3の2000年　私は呪われた者。呪詛のものにして殺戮者
第4の2000年　私は閉ざされし者にして母
この2000年　あなたの前にて私はイザナミ。計り知れざる永劫の下死を超えし万能なる者

トランスになるまでミレニアムの祝詞を唱え続けること。その際、イザナミになりきっていることが重要である。

その結果、イザナミは何かをするだろう。もし何もしないならば、さらにトランス状態を深めればよい。長い時間魔術意識でいることが望ましい。

とにかくイザナミになりきって行うことが重要である。皆さんがこの儀式にいろいろ付け足したり、一部を省略するなど、いろいろアレンジしてくれることを期待します。

追儺《ついな》儀式でセルフヒーリングやチャクラ開発をしよう

次に、追儺儀式をマスターしよう。Banishing Ritualを日本では追儺儀式と訳してい

る。

追儺儀式をすると、魔術師が魔術に集中できるため、その場所に魔術の空間を生み出すことができる。そうすると邪魔者（それが生霊でもポルターガイストでも）はその空間に一切立ち入ることができなくなる。目に見えない悪い存在たちや穢れを浄化する作用を持つ儀式だと思えばよいだろう。

練度を上げればどんな強力な霊でも退散させることが可能になる。また毎日行うことで、身体の見えないエネルギー（気・オーラ・フォース・クンダリニー等と呼ばれるエネルギー）を開発することができる。気功法やクンダリニーヨガをしなくても、追儺儀式をやれば同じ結果を得られることになる。

ピーター・キャロルは、従来の方法論ではなく、あらゆる宗教の教理主義を捨てた追儺儀式を考えた。追儺儀式には、チャクラを開発することも含まれ、セルフヒーリングも兼ね備えたGnosis Pentagram Ritual（ノーシス・ペンタグラム・リチュアル）略してGPRと、それのインスパイア系（進化系）ノーシスペンタグラム・サンダーボルト・リチュアルの二つがある。

今回は混沌の魔術結社「イルミネーション・オブ・サナテエロス」（IOT）や混沌の

騎士団や世界のケイオス・マジシャンが行っているGPRの方を紹介したい。

まずポケットサイズの杖を持っている方はそれを使ってほしい。ない人は自分の好きな手の指1本でも5本でもいいので、指をぴんと伸ばして行おう。

光のイメージとマントラを使う

まず、頭の上にとても明るい光（チャクラ・ポイントなので形状は好きな形でよい）を強く強くイメージし、イメージが完成したら、息を吸って一番高い音域で、I（いいいいいいいいいいいいいいい）と叫ぶ。

次に、のどの内部の中心に2番目に明るい光をイメージし、2番目に高い音域で、E（ええええええええええええええええ）と叫ぶ。

次に、胸の内部に3番目に明るい光をイメージし、普通の声の高さで、A（ああああああああああああああ）と叫ぶ。

次に、おへその内部に4番目の光の色をイメージし、やや低い声で、O（おおおおおおおおおおおお）と叫ぶ。

次に、会陰《えいん》部（男性なら陰嚢《いんのう》と肛門の間、女性なら膣と肛門の間）の内部に一番暗い光

頭の上にとても明るい光を強くイメージし、一番高い音域でI（いいいい）と叫ぶ。次にのどの内部の中心に２番目に明るい光をイメージし、２番目に高い音域でE（ええええ）と叫ぶ。次に胸の内部に３番目に明るい光をイメージし、普通の声の高さでA（ああああ）と叫ぶ。次におへその内部に４番目の光の色をイメージし、やや低い声でO（おおおお）と叫ぶ。次に会陰部の内部に一番暗い光をイメージし、一番低い声でU（うううう）と叫ぶ。

をイメージし、一番低い声で、U（うううううううううううう）と叫ぶ。

次に、「U・O・A・E・I」という順番で、光も暗い光から明るく、音域も低い声から一番高い声にし、先ほどとは逆のことをする。

次に杖か、あなたの好きな手の指で、空中にあなたが好きな五芒星を描く。その際、悪魔の象徴ではないので、逆さ五芒星で行っても、ヒーリングとしてもチャクラ開発としても問題ない。

指を使う場合は手をまっすぐ伸ばして五芒星を描くこと。そのとき最初の線はIの高さ、次の線でEの高さ、次の線でA、次の線でO、最後がUとする。

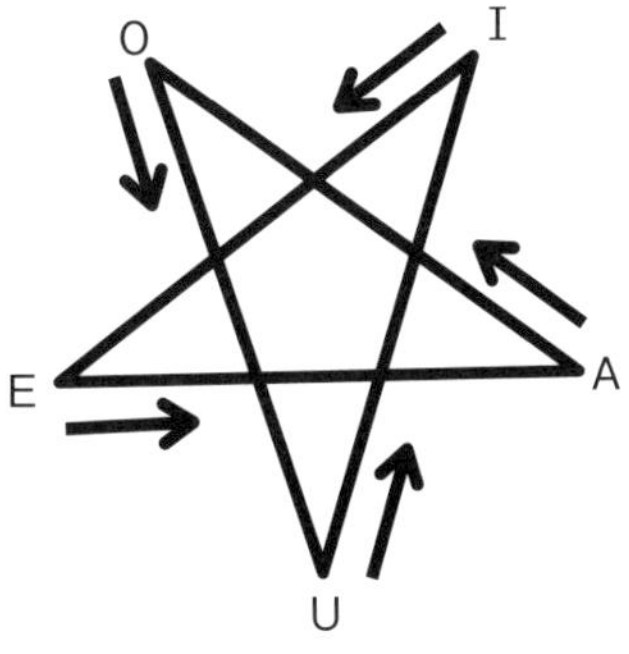

五芒星

音階も「Ｉ・Ｅ・Ａ・Ｏ・Ｕ」を揃えて唱えながら、五芒星を空中に描く。次に、右か左か好きな方に45度身体の角度を傾けて、「Ｉ・Ｅ・Ａ・Ｏ・Ｕ」と唱える。何度も45度身体を回しながら、「Ｉ・Ｅ・Ａ・Ｏ・Ｕ」と唱え、五芒星を描くようにする。

邪魔を排除するイメージの光や好きな色の炎で、五芒星を強くイメージすること。なお私の場合はオクタリンの輝き（雷の五芒星）を視覚化している。

最後に再びチャクラの操作を行う。頭から会陰まで、「Ｉ・Ｅ・Ａ・Ｏ・Ｕ」を音階も一番高い音階から一番低い音階まで唱える。その逆も行うこと。

セルフヒーリングやチャクラの開発の場

合、上記のそれぞれのポイントで「I・E・A・O・U」「U・O・A・E・I」というマントラを唱える。しばらくその5つの光のイメージを行うことで、セルフヒーリングやチャクラ開発になる。

起床と就寝のときに行えば視覚化の練習にもなるだろう。同居人がいて発声できない方もいるだろうし、五芒星を描くことを家族には内緒にしたいという方もいるだろう。その場合は、大きな公園や土手等で夜間に行ってもよいし、カラオケボックスでやってもよい。1回練習したら、あとは、心の中で声を発し、五芒星を手や杖で空中に描くのもイメージだけで行ってもよい。

なお、「サンダーボルトGPR」という手法は混沌の騎士団の団員限定で公開している。

チャクラは増やせる

ピーター・キャロルが言うには、本来チャクラとはヒンズー教やチベット密教の考え方で、肉体の中にあるポイントを指している。ヒンズー教ではチャクラは7つあり、チベット密教ではチャクラは5つとされる。チャクラはクンダリニーが上昇することで開発できるという。

人間の身体の中にはポイントが無数に存在しているという考えが、中国の気やツボの思想になる。ツボは数多く存在するが、日本では丹田というおへその下の内部に位置する一つのポイントがある。

西洋の魔術師（例えば黄金の夜明け団）であれば5個のチャクラ・ポイントを活性化する。このように文化の違いでチャクラの数は変わるので、ピーター・キャロルに「チャクラの数を自分に合わせて8つに増やすことはできますか？」と聞いたら答えはイエスだった。

皆さんもGPRを3年ほどやれば、新しいチャクラを開発するために自分の好きなところにチャクラ・ポイントを設置することができるようになるだろう。

強くイメージすれば、その部分に潜在意識が働きかけ、あなただけのチャクラ・ポイントになるだろう。ちなみに私は、額、右手、左手の3つを足し、8つのチャクラ・ポイントとした。

小周天からクンダリニーまで、すべてGPRを行うことで達成できてしまう。もちろん練度を上げる必要はあるだろうが、9分未満でできることなので習慣化してしまえばよいのである。

特別寄稿　愛の啓蒙をやってみよう（ピーター・キャロル）

「愛の啓蒙」はアストラルの魔術である。自分がリラックスできる環境に身を置き（ただし寝落ちはしないように！）、目を閉じ、次のシナリオの通りにイメージしていくだけである。

シナリオ自体もそんなに難しいものではない。記憶することが難しい方はここに書かれたシナリオを録音し、リラックスし、目を閉じながら音声を再生し、そのシナリオ通りに明確にイメージしていけばよい。

愛の啓蒙（©ピーター・キャロル／日本語版権・黒野忍）

これはとても簡単なアストラルの魔術であり、エンチャントメントを含んだ啓蒙儀式である。

準備

（1）まず以下のシナリオを記憶するか、事前に録音しておくこと

（2）ソファーやベッドの上でくつろぐ。あなたが不動（体をピクリとも動かさない修行。詳しくは『1日30分であなたも現代の魔術師になれる！』を参照）や呼吸の修行をしているなら、それも併用することを強く推奨する。

（3）追儺儀式を行うこと（147ページ参照）

意図の宣言を声に出して唱える。

「私の意志は、魅惑と誘惑の力を解き放ち、真の愛を引き寄せることである」

それから目を閉じ、心を静めて深い夢の世界へと入り込む。想像力を解き放ち、無限の可能性を感じながら、イメージの世界へと導かれていく。

神秘の森への誘い

ふと気づくと、あなたは不思議な森の入り口に立っている。アストラルの目を開くと、目の前には緑に囲まれた広大な空き地が広がっている。

夜空には無数の星が輝き、木々の葉は柔らかな光を放ち、まるで魔法にかかったように薔薇の香りが漂っている。その光の中で、あなた自身の姿が、まるで夢の中にいるように現れる。
驚くべきことに、あなたの理想の恋人とは、まさにあなた自身の写し鏡であったのだ。

甘美なる儀式

あなたはその姿に引き寄せられ、甘美な儀式を始める。恋人に、次の順番で5つのキスを捧げる。口、胸、両肩、そしてひざ。それぞれのキスが、あなたの愛を深めていく。

誓いの言葉

あなたは、ひざをついて自分自身を見つめる。恋人であり、自分である存在に、こう語りかける。「5つのキスを捧げ、私はあなたの崇拝者となりました。美しきあなたは、私の恋人です」。

別れのとき

儀式を終え、立ち上がる。恋人に別れを告げながら、こう宣言する。「我はあなたの神と女神を崇拝する者です」

それから、これまでと同じ道を再び歩き出す。胸に抱くのは、恋に満ちた期待と希望。あなたは知る。自分の理想の恋人像は、自分の心が作り上げたものであり、その姿に変身できるのだということを。

再会と新たな儀式

さあ、次は「理想の恋人像に変身したあなた」と再び出会うときである。星の光が輝く夜、薔薇の香りに包まれ、再び木々の間を進んでいくと、あなたの理想の恋人が微笑みながら待っている。それが自分の想像の産物だと知っていても、あなたは恋に落ちる。

そして再び、恋人に5つのキスを捧げる。口、胸、両肩、そしてひざ。そのキスは、これまでにないほど官能的である。

終わりの儀式

最後に、星の銀の光の下で、理想の恋人はあなた自身を凝視する。ひざまずいてあなたの目を凝視してこう言う。

「5つのキスにより私はあなたの崇拝者になった。美しき、快感にあふれるあなたは私の恋人」

理想の恋人はあなたの5か所――口、胸、両肩、そしてひざにキスをする。この儀式は、あなたの心を揺さぶる経験となるだろう。

目覚めと記録

儀式が終わったら、アストラルの目を閉じ、現実に戻る。ゆっくりと目を開き、現実世界に戻ったら、今の体験を丁寧に記録する。その記録は、未来のあなたにとって重要な宝物となるだろう。

第5章

虚無の魔術をやってみよう

最終章では「虚無の魔術」を紹介する。

意図するだけで混沌のエネルギーを利用する

虚無の魔術とは、これまで行ってきた方法に一切頼らず、魔術を行使する技法である。虚無の魔術では、トランスも、魔術意識も、道具や呪文も、アストラルも必要としない。魔術道具も印形（シジル）もいらない魔術技法である。必要なのは意図だけである。**意図を持つだけで混沌から投げ出されるエネルギーを掴み、利用する**ことである。儀式すら必要としない。

これまで私たちは、混沌に向かって意図を投げ、混沌が結果を生む前に現実を変化させたり、未来を予測したり、神や女神の力を借りたりしてきた。霊的存在を使役したり、意識を変化させたりしてきた。

それとは逆に、**混沌が自らの存在を証明するために放つエネルギーを掴み、魔術の技術を行うのが虚無の魔術**である。それには印形も呪文も道具もいらない。意図だけが必要とされる魔術の技法である。

あなたが空《くう》になるとき、混沌が投げるエネルギーを使うことができるだろう。そのためにあなたはこれまで学んだ呪術、シャーマン魔術、儀式魔術、アストラルの魔術のテクニックを完璧にできるようにならなければならない。

私がやる虚無の魔術の場合、**意図を持ち願望を持ったら、それがかなうように集中する**。例えば「病気をしませんように」という願望をかなえるのに「私は健康だ」（これはよくある意図の説明のテンプレート）と思う必要はない。私の場合は「病気をしませんように」でちゃんと効果がある。

簡単にいえば**「想えばかなう」**。それが虚無の魔術なのだ。もちろんここに運勢等は一切関係ない。

混沌魔術師は、経験の積み重ねで虚無のゲートを開き、神羅万象の中心で、すべてが決定される瞬間に、自分の願望が実現されるように仕向けることが可能となる。

ポジティブシンキングや引き寄せの法則のようなことも必要としない。虚無の魔術はオカルトを信じない人々でもほんの少しだけ、瞬間的に使用できる。それを「ほんとにすごすぎることが起きた」「すごい偶然」「超ラッキー」などと呼んでいるのだ。

一つ言えることは、自分でしたい魔術的行動のすべてを誰かの許可を取ってからでないとできないようでは、虚無の魔術は絶対に取得できないということである。他者に対して依存していてはダメだということだ。それが家族であれ、会社であれ同じことだ。

混沌に愛される生き方をしている人は虚無魔術を扱えるだろう。安定を捨て去るということと、誰かにおうかがいを立てないと何もできない状況を打破する生き方をしていれば虚無魔術を使えるようになる、ということである。

特別寄稿　My Frater――魔術師だった村崎百郎の話

先に断っておくが、私は暴露系の原稿を書きたいわけではない。光の僧院の探究者であり、人生の先輩であった、また拙著『黒の書』のアイデアを提供してくださった鬼畜系カリスマの本当の姿を皆さんに紹介したいのだ。

魔術結社「BPW」で活動していた時代、ほとんどの発行物を買い、その内容に関して優しい感想を寄せ、議論を記した手紙を送ってくださった方がいた。当時はワープロが主流だったが、最後はパソコンのプリントアウトで論議の論点をやさしく整理し、声援を送ってくれた人物だった。

私が初めてデータハウスという出版社の中にあった東京公司を訪ねたとき、故・青山正明さん（編集者・ライター。東京公司は彼が代表を務めた編集プロダクション）から「どうもどうも〜。うちの村崎から日本で怒らせたら本当に呪い殺される方だとおうかがいしてまして（笑）。何か気分を害されたら魔術じゃなくて口で言ってくださいね（笑）」と言われたことがあった。

その頃、鬼畜ブームが起こっており、その渦中に村崎百郎というカリスマがいた。その村崎さんがなぜ、私が魔術師だと知っていたか？　その点を知るのはもっと後の話になる。

正直に書くと、ゴミ漁りを趣味とし、下品なことを言う、会ったこともない人に、なぜそのような評価をしていただいたのか、については謎だった。

村崎百郎さんと私が出会ったのは、当時私が合法ドラッグが買える店の経営者として働いていた時代だった。初めてのトランスのイベントに、東京公司御一行様をゲストで招待したときのことだ。

故・青山正明さんとは何回も会ったことがあったが、村崎さんとは初体面であり、クラブのイベントを統括する身分を忘れ、ＶＩＰルームで村崎さんと話し込んだ。最初に村崎さんに聞いたのは、「村崎さんはどんな魔術を学習しているのですか」だったと思う。しかし村崎さんはその質問をかわし、「なぜ、自分は強くなれたか」について説明してくれた。

村崎さんは「小学校時代にいじめられていた。神に祈ったが救いはなく、サタンに祈り続けたら、どんどん成長し、こんな体（ビックボディー）を手にした」と語っていた。

このとき、当時合法だった2CB（現在は規制されている）をパーティー参加者全員に1回分配布していた。村崎百郎さんも飲んだ。青山さんが「瞳孔開いてるじゃん！　村崎!!」とひやかしていたが、村崎さんは「ひらいてねーよ!!!」と言い返していた。

「2CB効いてるだろ！」とツッコミを入れる青山さんに「効いてねーよ!!」とトランスミュージックがかかる中で、叫んでいた。

「ドラッグごときに俺が負けるかよ！」

そんな意気込みで、村崎百郎さんは十分2CBの効果を味わっていた。そんな彼とお互い恐る恐る魔術の話をしていた。そのときが初対面だったが、村崎さんに私は、「日本一危険な魔術師という認識は違いますよ」と言った。すると村崎さんは沈黙し、そのあと電話番号の交換をしたが、パーティーが終わるまでいたくないとのことだった。

タクシーを止め、お見送りをした。そのとき、村崎さんは「今度会うときはうるせー音楽とそれを好きな青山抜きにしましょう」と言って、再会の約束をした。

その頃、私は、渋谷系ドラッグ（当時は合法だった）に関わり、社員とともに多忙な生活を送っていた。それから1年後、村崎百郎さんから連絡があり、お互いのスケジュールを調整し、池袋の西武のレストランで会うことになった。

全身黒い服の村崎さんと黒いスーツ姿の私は、ものすごく目立った。というより、村崎さんの存在のインパクトが周囲を圧倒していた。

このとき初めて深い魔術談義をした。そして私は村崎百郎さんを大きく勘違いしていたことを知った。勘違いというのは、村崎さんは女性用ナプキンをゴミ漁りで発見したら狂喜乱舞し頬ずりするような人物だと思っていたこと。

しかしお会いし魔術の話をする中で、その誤解はあっという間に解けた。村崎さんはビジネスと魔術を切り分けていたようだ。村崎さんと話していると、実に知的で、紳士的な会話が普通にできていた。

恐る恐る「趣味はゴミ漁りなんですか」と聞くと、困ったような表情をした後、笑いながら、「違う違う〜。趣味といえば読書だね。黒野さんの処女作はなんであんな誤訳だらけなんだよ」と返された。穴があったら入りたい気持ちになった。

だが村崎さんはＢＰＷの発行物を読んだ感想を述べたり、それに関する質問をしてきた。ようやく村崎さんがただの魔術愛好家ではないと気が付いたのは、獅子座の心臓が銀河の中心という話題に触れたとき、「この人は光の僧院Ｉ∴Ｏ∴Ｓの所属者では？」と思ったからだった。そこで聞いてみた。

「え？　村崎さんってあのＩ∴Ｏ∴Ｓの団員？」

この質問に村崎さんはやや戸惑い、沈黙した。こうして沈黙するのは魔術師であれば当たり前な時代だったので、それ以上深く考えなかった。いろんな魔術師と出会ったことがある私としては、確実に村崎さんは光の僧院という魂磨きのプロフェッショナルが集う霊的進化をする魔術団の所属者だと確信した。

Ｉ∴Ｏ∴Ｓという日本の魔術団体が、団員に鬼畜系ゴミ漁りが儀式だと述べることは絶対にありえない。

村崎百郎さんは、ゴミ漁りの前に、自分を中心にして立ちしょんをしながら、右回り（もし彼が本当に闇の魔術師の団体に所属していたならば左回りに回る）で円を描いて、「ゴミトラマトン」というゴミ漁りの神に祈ったと、ご自身で書いている。ゴミトラマトンの元ネタはテトラグラマトンであり、意味はギリシア語で聖なる4文字であり、テトラグラマトンの術式という理論を、光の魔術の団体であればほとんどが採用している。

しかし村崎さんが本気で、ゴミトラマトンを召喚していたとは思えない。なぜなら、彼自身が心から愛し信じ探求する道を、ゴミと同じにするとは考えにくいからだ。

私と村崎さんの魔術談義は暇があれば行われ、定例のものとなった。いろんな魔術業界の裏話をした。

本には書けないような、本当に犯罪レベルの、1990年代に海外の光の魔術団体が犯した児童の性的虐待の話になると、村崎さんは、「ああいう魔術師は全員、黒野さんが魔術攻撃の練習台にしていい奴らだぜ？　ムショから出てきたら、被害者の子供たちにスタンガン持たせて好きなだけビリビリさせてやりたいね。俺は」などと言っていた。

そのとき、海外の光の魔術団体がしでかした件に、なぜ村崎さんがそこまで怒るのかが理解できなかった。しかし村崎さんは子供はかわいいという当たり前の感覚を持っている方だと知った。

そうロリコンという意味ではなく、子供を守りたいという誰もが持つまっとうな感覚を持った方だったのだ。年下に限りなく優しい方だった。

自分は村崎百郎さんとは一回りと少し離れている。人生の先輩として村崎さんに好感を持てたのも、性的虐待された子供たちに復讐させる機会を与えてもいいのではないか、という常識人と変わらない感覚を持っている人だと知ったからだ。

確かに今の司法制度の刑罰とは異なるが、私はこの魔術団体が起こした事件を聞いたとき、卑劣な犯罪を実行し、欲望すらコントロールできない光の魔術師など死んでしまえばいいと思っていた。

もう一つお願いしなければならないのは、村崎百郎さんからいただいた「日本一ヤバイ武闘派魔術師」というあだ名の返上だった。村崎さんは「はいはい。わかったわかった」と述べ、それ以降、「日本でケイオス・マジックを真面目に普及し実践している、日本のケイオスの元祖魔術師」という認識を私に対して持ってくれた。

また、村崎百郎さんはI∴O∴Sの教義に関する文章を読んでいたが、私は幼少時代、HGS（The Hermetic Order of the Great Sephiroth）という魔術団体の破壊者であったある人物に、当時HGSで使用していた黄金の夜明け団の教義に関する文章（すべて手書き）を横流ししてもらったことがあった。8歳で漢和辞典を片手に読み解いて、12歳までその人物に騙されながら、ある意味、利用されて教えてもらっていたことを話した。

「まぁ、その人を○○さん（ある魔術師）は許さねーだろうが、学ぶという黒野さんの姿勢は許されると思う」と述べ、さらに「黄金の夜明け団の難しい文章を小2で読んで、修行して、魔術日記もその人に見せたの？　偉いじゃん。いや天才じゃん。小2であんな文章を読解できたのだから」と褒めてくれた。

その人物が横流ししたHGSの文章では、4＝7の位階に関する文章まで順番に配布された。ちなみに私はその横流しした人物についていけず、13歳で離反した。私の位階は5＝6だった。

この辺で私の中の村崎百郎という人物に対する誤解は完全に解けたし、むしろなんとすがすがしい精神の持ち主なんだろう、と実感した。

私と村崎さんの仲はジョークを言えるような関係に進展していたので、ある日、「村崎さん、ハーポクラテスの合図で気配を消せるはずなので、ぜひ今ここでやってみてください」と笑いながら言うと、「できるか!!（笑）」と答えた。また、「村崎さん僕が今から本気ディフェンスするんで、ホルスのサインで僕をぶっ飛ばしてください！」と言うと、「普通にぶっ飛ばした方が早いって（笑）」と答えたこともあった。

この辺は魔術師であれば笑えるジョークなのだが、村崎さんはちゃんと修行や実践をし、勉強もしてるんだな、と確認できた。このような談義がよく行われ、村崎百郎さんはケイオス・マジックに関する質問をよくしてきた。

ちなみに、村崎百郎さんがサタンと交信している、サタンの生まれ変わりといわれることがあるが、それは村崎さんが自身をそう位置づけ、そのように活動していたからだ。

村崎さんの真実と私の真実をぶつけ合ったあとで、ああでもない、こうでもないと考えるのは馬鹿げていると思った。村崎さんがサタンとコンタクトしたり、サタンの生まれ変わりだからといって、村崎さんが罪を犯すことはない。そう思わせてくれる方だった。

「人の数だけ真実はある」。これはケイオス・マジックをする人の誰もが言うことだが、村崎さんも光の僧院の魔術師だが、この考えは好きだと述べていた。

何回でも書こう。ゴミ漁り、電波系、妄想フリーダムという恐ろしい人物が、心から求め信じたのは、光であり、I∴O∴Sは未成年の参入を拒む団体であった。村崎百郎さんは少なくとも成人になってからI∴O∴Sに入団し、自己鍛錬や修行を欠かさずしていた。

奥様の森園みるくさんからお借りした写真には、村崎さんが白と黒のネメス（古代エジ

白と黒のネメスをかぶり、槍を持つ村崎百郎氏（写真提供・森園みるく ©MIRUKU MORIZONO）

プトの頭巾）をかぶり、手に槍を持つ姿が写っている。

この写真を見ればわかる通り、村崎百郎という紳士は、真剣に探究し魂磨きを行っていたのだ。

もし、I∴O∴Sにゴミ漁りがばれたらどうなっていたか？ I∴O∴Sとしても許せないだろう。道徳的な範囲の問題であるが、もし混沌の騎士団に「趣味はゴミ漁りです」という団員がいたら私は排除する。

しかし村崎さんは厳しい掟や誓いをI∴O∴Sで立てて、やってきたのだ。もし、「白魔術師か黒魔術師か」という2択しかないのであれば、私は村崎さんを白魔術師として高く評価していた。

また森園みるくさんと初めてお会いしたとき、村崎さんの魔術に対する情熱が、森園さんのお話からうかがえた。

村崎百郎さんは、鬼畜・ゴミ漁り等がI∴O∴Sにバレているので、「もしかしたら、魔術を教えてもらえなくなるかも」と奥さんの前で話したことがあるという。その話を聞いて、正直驚いた。

そこまで魔術を信じ、探求する精神があったのだから、もしI∴O∴Sが村崎さんに「鬼畜なことやゲスなことをやめなさい」と道徳的指導をしていたら、もしかしたら村崎さんは、魔術を選び、鬼畜やゲスなことをやめたかもしれない。それほど村崎さんという人は、魂の僧院で自己鍛錬し、聖なる光を仰ぎ見る方だった。

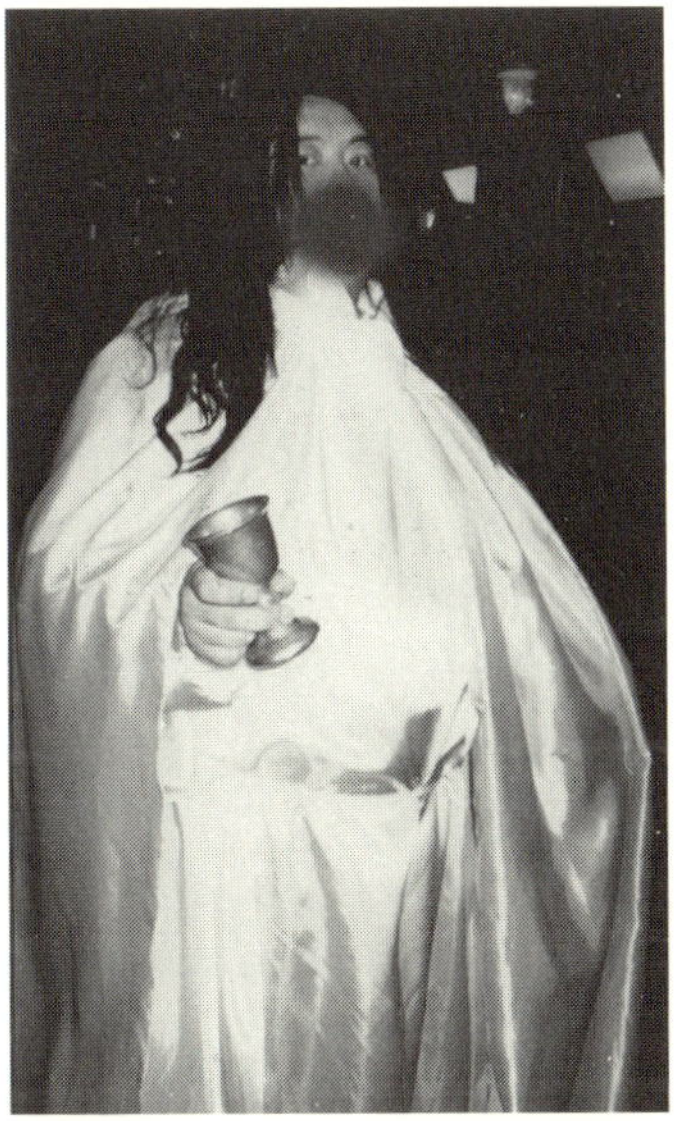
金属質のゴブレット（杯）を持ち、白いローブ姿をした村崎百郎氏（写真提供・森園みるく ©MIRUKU MORIZONO）

黄金の夜明け団系の団体には位階が存在する。I∴O∴Sでも黄金の夜明け団のような位階は存在している。

森園みるくさんからお借りした写真を見ると、金属質のゴブレット

（杯）を持ち、白いローブ姿をした珍しい貴重な写真があった。

私はI∴O∴Sの関係者ではないが、推測すると、まずこの写真で手にしているゴブレットは、当時池袋ハンズで売っていたもので、多くの黄金の夜明け団の魔術師が自作する水の杯の原型であり、私も大人になってから購入した。

通常、青と銀に塗られ、青地部分にオレンジ色のヘブライ文字と精霊等のシジルが描かれる。村崎百郎さんの魔術道具は、生前1回見る機会があったのと、森園みるくさんの写真で見ただけだが、通常、平の団員や入団して間もない団員は白い法衣を着られないだろう。

しかし村崎さんは着用している。これは村崎さんが自由意思で着たか、何かの儀式の役職を務めていたからか、あるいは村崎さんが光の魔術の達人だったたか。その3つのどれかだったことを意味する。

ちなみにI∴O∴Sは伝統的な黄金の夜明け団の位階を採用している。そして村崎さんは、下から数えて5番目だという噂があった。この5番目の一つ上が達人である。

ある日、村崎百郎さんに混沌魔術の本を書くと述べると、元編集者であった彼は面白いアイデアをくれた。それは『新世紀エヴァンゲリオン』から採ったネタであり、実は私はエヴァンゲリオンのTVアニメを1回か2回しか見ていなかったが、村崎さんはたくさん見ていた。初号機が何に配属されるかや、綾波レイはユングが言うグレートマザーだなどと村崎さんが熱く語っていたのを覚えている。

「黒野さんが書く本は、少年が混沌魔術師になる。そんな内容であってほしい」と言われていた。『黒の書』の方向性として、「君」という言葉を使い、最後のページでは「君」が混沌魔術師になる、という書き方をしている。

村崎さんはこのアイデアをとても気に入ってくれた。なぜエヴァンゲリオンの話を熱く語ったのか。当時はわからなかったが、森園みるくさん曰く「村崎さんはエヴァンゲリオンが大好きでした」とのことだった。『黒の書』を書く際のヒントをくれた村崎さんには心から深く感謝している。

また村崎百郎さんは、自分の死期や死因を知っていた、と思う。この件に関して私は満足に説明することができないが、村崎さんが受信していた電波は錯聴（音や外部刺激に対する誤った知覚）ではないか、と私の知り合いの精神科医のアドバイスをいただいた。

仮に電波が錯聴だとして、ではなぜ彼が死期や死因を知ったと言えるのか？　それはもしかしたら、村崎百郎さんが虚無のゲートを開いて、未来を見てしまったからではないか。

その可能性は極めて高い。人は誰しも無自覚に虚無のゲートを開き、奇跡的な体験をするからだ。

村崎百郎さんの死は悲しいことであるが、彼が虚無の魔術（占術）を無自覚のうちに使っていたならば、死期や死因はわかるだろう。しかし遠い未来を見つめることは難しい。それゆえ2週間という短期間だったのだろう（村崎さんは死期や死因を知ってから2週間後に亡くなった）。

鬼畜・変態・下品・気持ち悪いと言われた村崎百郎は、心の底から光を信じ、魂を磨き、霊的進化を目指した光の魔術師だった。それこそが村崎という人間を作り出す核であった。

村崎百郎の逝去の報は森園さんから魔術関係者にもたらされた。そして魂の僧院では村崎さんを送る儀式が行われた。

仕事が鬼畜・変態であったとしても、彼は魔術に関しては真摯な心構えを持っていた。鬼畜・変態・狂人という村崎百郎らしさを一切失くし、霊的進化を行っていた。

なぜ本書で村崎百郎を取り上げたか？　彼が魔術的に正しい評価を受け、後世の全魔術師に、かつて日本でロリコン・鬼畜・狂人・フリークス等が一部の人の間でブームになったとき、そのブームの中に村崎百郎というキーマンがいたこと、しかしその仮面を外せば、魔術の教育が中断されるのではないかと恐れ、聖なる光を心から信じ、光とともに生きた、世間のイメージとはまったく逆のことを心から信じていた魔術師がいることを忘れてはならない、と思ったからだ。

最後にこの原稿を書くにあたり、森園みるくさんの協力をいただいたことを感謝する。

あとがき

最後までお付き合いいただきありがとうございました。

前作『1日30分であなたも現代の魔術師になれる!』(文芸社)が刊行されたとき、私は妖術のエンチャントメントを用いて、「たくさん本が売れますように」と「読者の役に立つ新刊を発行する」の二つをエンチャントメントした。

同書はロングセラーとなり、無事に増刷もされた。平成になってから2024年までの間で最も売れた魔術の本となったと言っていいだろう。これは皆さんと混沌の助力の結果であろう。

今回、初心者でも使えるようなハウツー本を書くにあたり、願いをかなえ、霊的存在に命令する方法だけを書いた。本書を読みながら「黒野がまたなにか書いた」と思う人もいるかもしれない。そう思う人であっても、ラルフレクト・マイヤーことFraUDの本が日本で3冊紹介され、そこで初めて、専門用語や、先祖返りの実践が行われたことは認めるのではないか。

FraUDは、実質的に、日本の混沌魔術の伝道者である。ピーター・キャロルの『無の書』（国書刊行会）はFraUDの本の後に出版された。FraUDの本を読んだからこそ、今の私がある。私が16歳だったときからこれまで、日本では私以外に誰一人として、混沌魔術の本を書いていない。また海外での魔術活動が評価され、私はアジアで初めてWEISERから発行される『This Is Chaos』という本に寄稿することができた。これも本書を手に取り、読んでくださっている読者の皆さんのおかげだと私は思っている。

初心者向けでありながら、玄人の皆さんにも楽しんで活用してもらえるよう、ピーター・キャロル作の儀式を多く紹介した。「富の啓蒙」は、仲間同士できれば4人以上で行うことを強く強くお勧めする。

私は魔女宗に関しては、好意的な見方をしているが、魔女宗が宗教であることは、ピーター・キャロルのインタビューから察しがつくだろう。基礎訓練すらできない魔女宗が、どうしてシジル・マジックやバフォメットのミサができるのか？　騙されてはならない。

ペイガニズムとネオペイガニズムの二つは宗教体系であり、混沌魔術と宗教はまったく相いれない。魔女宗の皆さんがケイオスのアイデアを使用するのは大いに結構だが、ケイオス・マジシャンを名乗るのはどうかと私は思う。

また『法の書』を児童に朗読させることは児童虐待だと英国の魔術師Dave Leeは述べている。ピーター・キャロルも同じく『法の書』の朗読はよくない行為としていると述べた。

このことからもわかる通り、混沌魔術は魔女宗と関係はない。FraUDもピーター・キャロルも魔女宗とはまったく無縁であった。そもそも混沌魔術は魔女宗とセレマ宗という英国の2大宗教とは別の何かとして作られている。

シジルの働きを理解していない無知な魔女だからこそ、バンジージャンプでシジルを活性化しようというまったく無駄な行動を行い、それで効果がありましたという狂信者を生み出した。ピーター・キャロルもFraUDもバンジージャンプのシジルによる活性化を否定している。このような偽者に皆さんがならないように、本書と、前作『1日30分であなたも現代の魔術師になれる！』を書き、海外の意見を収録している。

私の見解では「ソロ（一人）で混沌魔術を学ぶことは困難であり、ソロで学んだ方の質は悪い」。それは17歳のときから常に混沌魔術を教え続けている私にとってはわかりきった答えだと言ってよい。

現にOrder of Chaos Knight（混沌の騎士団）では「オウラノスの儀式」は5年前に、「富の啓蒙」は7年前に行われている。今回収録しなかった「オウラノスによる霊的存在の喚起」ですら、混沌の騎士団では行われている。

検索してもヒットしない、Auto-Da-Fe（異端者処刑儀式／この儀式は1990年代に名前だけが広まった）も、皆さんは本書で手にできる。ノーシスペンタグラム儀式の発展形も、それぞれの惑星の啓蒙儀式も、それ以上の高度な技術や哲学を学ぶにはソロでは限界がある。そもそも人間の脳は外部の助けなしに今以上の進化は難しいと考えられている。

検索しても答えがなくても、答えがあるのが混沌の騎士団である。魔術（ケイオスに限らず）を本格的に学ぶには、どこかの団に所属し学ぶことを強く推奨する。

最初は本を読むことが探究になるだろうが、ソロの方は蔵書コレクションとタロットカードで遊び始めることで、魔術的行動に関して無駄な時間を過ごしている人も多い。

ここからは、本書の完成を助けてくれた方々に感謝の言葉を述べたい。進んで前に出て拍手喝采を！　まず、編集担当者の高橋聖貴氏に。高橋氏や文芸社のおかげでまた日本に混沌魔術に関する新しい情報がもたらされます。次はぜひコミック化とアニメ化を実現したい。

Thank you for the interview and the article. FraUD Cheers! Thank you for the interview Peter J. Carroll!

DIVAへ。永遠に流転する魂のエンチャントメントの大作業の中で常に共に歩むことを誓う。

Order of Chaos Knight（混沌の騎士団）の皆さんにも感謝を。

さんてんへ。そしてあのんへ。本書が役に立つことを。

響へ。26年前に約束したことを達成した。さらなる覇業を果たすので、微笑んでどうか見守ってくれ。来た。見た。勝った。

最後までお読みくださった読者の皆さん。どうぞ前に進み大きな拍手を!!

２０２４年夏

黒野忍

著者プロフィール

黒野 忍（くろの しのぶ）

1973年東京都生まれ。８歳から魔術を学ぶ。日本で初めて本格的に混沌魔術を研究・実践し、現在に至る（混沌魔術を学び始めたのは16歳）。魔術結社「イルミネーション・オブ・サナテエロス」（IOT）の日本支部長を務めたが、破門される。その後、混沌の騎士団に所属。The Arcanorium College に入団。閉鎖まで海外の魔術師に教えていた。
著書に『続・危ない薬』『非合法ドラッグ』（データハウス）、『気持ちいいクスリの作り方』（宝島社）、『ドラッグソウル』（スタジオビート）、『黒の書』『Graap Gohu』『21世紀の性魔術の実践』、『１日30分であなたも現代の魔術師になれる！』（文芸社）。『This Is Chaos』（WEISER）に寄稿。

修行なしであなたも現代の魔術師になれる！
ケイオス・マジック完全実践ガイド

2024年12月15日　初版第１刷発行

著　者　黒野 忍
発行者　瓜谷 綱延
発行所　株式会社文芸社
〒160-0022 東京都新宿区新宿1－10－1
電話 03-5369-3060（代表）
03-5369-2299（販売）

印刷所　株式会社暁印刷

ISBN978-4-286-25199-8